O poder de um propósito
é possível mudar um destino?

Editora Appris Ltda.
1.ª Edição - Copyright© 2023 da autora
Direitos de Edição Reservados à Editora Appris Ltda.

Nenhuma parte desta obra poderá ser utilizada indevidamente, sem estar de acordo com a Lei nº
9.610/98. Se incorreções forem encontradas, serão de exclusiva responsabilidade de seus organi-
zadores. Foi realizado o Depósito Legal na Fundação Biblioteca Nacional, de acordo com as Leis nos
10.994, de 14/12/2004, e 12.192, de 14/01/2010.

Catalogação na Fonte
Elaborado por: Josefina A. S. Guedes
Bibliotecária CRB 9/870

S237p 2023	Santos, Maria Aparecida O poder de um propósito : é possível mudar um destino? / Maria Aparecida Santos. – 1. ed. – Curitiba : Appris, 2023. 225 p ; 23 cm. Inclui referências. ISBN 978-65-250-4676-1 1. Conduta. 2. Mudança de atitude. 3. Motivação (Psicologia). I. Título. II. Série. CDD – 158.1

Appris
editora

Editora e Livraria Appris Ltda.
Av. Manoel Ribas, 2265 – Mercês
Curitiba/PR – CEP: 80810-002
Tel. (41) 3156 - 4731
www.editoraappris.com.br

Printed in Brazil
Impresso no Brasil

Maria Aparecida Santos

O poder de um propósito
é possível mudar um destino?

Appris *editora*

FICHA TÉCNICA

EDITORIAL	Augusto Vidal de Andrade Coelho
	Sara C. de Andrade Coelho
COMITÊ EDITORIAL	Marli Caetano
	Andréa Barbosa Gouveia (UFPR)
	Jacques de Lima Ferreira (UP)
	Marilda Aparecida Behrens (PUCPR)
	Ana El Achkar (UNIVERSO/RJ)
	Conrado Moreira Mendes (PUC-MG)
	Eliete Correia dos Santos (UEPB)
	Fabiano Santos (UERJ/IESP)
	Francinete Fernandes de Sousa (UEPB)
	Francisco Carlos Duarte (PUCPR)
	Francisco de Assis (Fiam-Faam, SP, Brasil)
	Juliana Reichert Assunção Tonelli (UEL)
	Maria Aparecida Barbosa (USP)
	Maria Helena Zamora (PUC-Rio)
	Maria Margarida de Andrade (Umack)
	Roque Ismael da Costa Güllich (UFFS)
	Toni Reis (UFPR)
	Valdomiro de Oliveira (UFPR)
	Valério Brusamolin (IFPR)
SUPERVISOR DA PRODUÇÃO	Renata Cristina Lopes Miccelli
PRODUÇÃO EDITORIAL	Jibril Keddeh
REVISÃO	Andrea Bassoto Gatto
DIAGRAMAÇÃO	Renata Cristina Lopes Miccelli
CAPA	Lívia Costa

Um sonho não realizado pode tornar-se como uma água que foi represada, sendo impedida de irrigar terras, molhar plantas, flores e fazê-las germinar, florescerem e dar sementes para novas plantas; no caso do sonho, motivando alguém a sonhar e a realizar outros sonhos. Mas, também, pode ser como uma nuvem que, levada pelo vento, no momento oportuno, permite que a água em si represada caia, molhe outras terras e, ali, faça germinar, crescer e florescer outras plantas, de onde sairão sementes para outras plantas...

Assim, dedico este livro ao meu pai, Francisco Sotério (in memoriam), ao seu sonho de ser escritor, que ele não realizou, e à oportunidade que tenho, no meu tempo, de homenageá-lo tornando-me escritora.

À minha mãe, Antônia, minha amada Toinha, por ensinar aos seus filhos, com o seu próprio exemplo, o Poder de um Propósito quando abraçado com amor.

Aos meus irmãos, Geraldo, Maria de Lourdes, Donizete, Lúcia, Luceni, Cícera, Luiz Antônio, Maria Luiza e José; aos meus cunhados e cunhadas, sobrinhos e sobrinhas, pelo amor que nos une e que nos mantém próximos, mesmo que estejamos a um oceano de distância uns dos outros.

GRATIDÃO

Um sentimento que carrego comigo é o de que existem pessoas muito especiais, que "são colocadas na nossa vida por mãos invisíveis", a dar a impressão de reencontros de grandes amigos-irmãos e para nos ensinarem, orientarem, ajudarem, sorrirmos e chorarmos uns com as alegrias e/ou tristezas dos outros.

Na minha vida são muitas, e, em nome de tantos corações enviados por Deus com esses propósitos, e aos quais sou infinitamente grata, eu agradeço à Regina Cheida, ao Lázaro, à Larissa e ao Daniel, família que me acolheu por mais de 20 anos, dando-me trabalho, um lar e a oportunidade de realizar o meu sonho de continuar a estudar, ir para a universidade e tornar-me pedagoga.

Também agradeço à D. Luzia Carvalho e à Célia Cartapatti (esta última, *in memoriam*), que considero como minhas "segundas mães", por seus exemplos, amor e ensinamentos que carrego comigo; aos meus irmãos/irmãs "escolhidos pelo coração", Andréa Equey e Alexandre Viana; à Cleide Zanusso e ao Raul Torres; à Luciana e aos seus pais, Clara e Sr. Paulo, por quem sou grata pelas risadas, pelo carinho incondicional e por todo o tipo de apoio que a mim dispensaram e dispensam, sempre, e sem os quais teria sido mais difícil prosseguir na realização dos meus sonhos e propósitos. Sou grata às instituições e às pessoas que encontrei, que me deram a oportunidade de aprender, de trabalhar, de desenvolver-me como uma pessoa mais humanizada e, de uma forma muito especial, continuar o caminho em busca das minhas aspirações.

Do lado de cá do oceano, em Faro, Portugal, minha primeira "casa" fora do Brasil, encontrei outros corações amigos que fizeram uma diferença linda na minha chegada por aqui, ignorando diferenças de raça e de cultura, em favor do bem-estar do outro e da amizade, entre outras coisas, ajudando-me a acreditar ainda mais no que o Poder de um Propósito é capaz de fazer.

Em nome de tantos, sou grata à Telma Santos Silva, uma pessoa linda com um coração imenso; às professoras Cátia Martins (minha orientadora do mestrado), Maria Emília Madeira, Maria Helena Martins e Helena Quintas, pelo acolhimento e pelos ensinamentos que recebi; à Sofia Martins (ECOS - Cooperativa de Educação, Cooperação e Desenvolvimento, CRL, Faro, PT) e equipes participantes do Projeto PatHERways, de Cabo Verde, França, Moçambique, Perú, Portugal, Reino Unido e Timor Leste, que ensinaram-me o verdadeiro sentido dos termos inclusão e autoinclusão. Às colegas de mestrado Iolanda Gouveia Rovani, Micaela Patricio Rosa e Daniela Gonçalves, pela nossa perseverança e pela amizade que ficou. Aos amigos/as brasileiros/as aqui encontrados, Alexssandro Becker e Nathalia Brandolim Becker, Kátia Travassos, Lillian Mesquita, Roseline Ardiles e seus filhos, Rafael, Renato e esposo Davi, entre outros, que me acolheram, ajudando-me a reforçar a certeza de que quando temos uma intenção que é amparada por um Propósito maior, o Universo encarrega-se de providenciar as pessoas certas e todo o tipo de recursos que precisamos para seguirmos em frente.

Como a realização de um Propósito pede movimento, novos conhecimentos e novos aprendizados, fui buscá-los na cidade do Porto, minha casa até quando Deus permitir, neste país que me abraçou como uma filha que voltava ao lar depois de muito tempo. É daqui que escrevo este livro, lugar onde me encontrei e encontrei em outros corações queridos a construção de novas amizades, como um presente para toda a minha vida.

Em nome de cada um, eu agradeço à Alexia, ao Paulo, à Fany e ao Max, família querida à qual sou e serei sempre grata, pelo lar abençoado que me acolhe e por ajudarem-me a sentir-me em casa.

Os meus agradecimentos também às educadoras Cristina Marques da Costa, Renata Soares, Diana Morais, Fernanda Pinheiro, Márcia, e às auxiliares Sónia Cristina Braga, Luana, Vanessa Carvalho, Celina Durão, Fernanda Loureiro, Maria Antonieta Pinto, Cristina Maia, Mónica Liliana Loureiro, Idalina Silva, Catarina Araújo, Rafaela Pimenta; às crianças, à coordenação e a outras pessoas com as quais pude partilhar momentos maravilhosos de aprendizados, na Creche ASMAN (Associação de Solidariedade Social Mouta Azenha Nova), uma das experiências de trabalho mais lindas que já tive.

Agradeço, ainda, às amigas brasileiras Mariana Calhau, Rita Almeida, Rita Iara e outros/outras ex-colegas do Programa Doutoral em Ciências da Educação; e à Alessandra Mello, à Rubenita Lima e família – gratidão pelo carinho e pela amizade, que me fazem sentir em família deste lado do mar.

Enfim, meus agradecimentos a todos os corações queridos que contribuíram financeiramente para a edição deste livro, ajudando a tornar esta realização possível.

Quando olho do lado de cá, para o outro lado do Oceano, e vejo como tudo e todos ficam tão próximos se nos interligamos pela ponte chamada amor, construída nos nossos corações, percebo a beleza e a grandiosidade do Poder do nosso Criador, que nos criou para vivermos uns com os outros, independentemente de raça, de nacionalidade, de origem, porém como seres únicos para vivermos o nosso próprio Propósito de Vida.

Sois deuses.

(Jesus)

PREFÁCIO

Maria Aparecida Santos, mulher/educadora/autora/palestrante e muitos outros títulos, é um ser humano especial que, com muita coragem de expor sua vida e experiências, didaticamente e de coração aberto, com o sonho de ajudar a todos a compreenderem suas vidas e suas experiências, inerentes e inevitáveis, traz-nos mais uma obra deliciosa.

Da forma como insere a sua história neste livro não há como não nos identificarmos com muitas situações, pensamentos e/ou sentimentos vividos por ela, independentemente se nossas histórias familiar, cultural e financeira tenham sido muito diferentes da dela. Qualquer pessoa que esteja atenta ao rumo de sua vida e ao seu autoconhecimento, conectar-se-á com as reflexões propostas pela autora em *O poder de um propósito: é possível mudar um destino?*

Ao ler cada frase deste livro, senti como se a "nossa" Cida (é assim que a chamamos) estivesse falando de mim mesma. As mesmas dúvidas, os conceitos, a mesma crença na fé, na vontade como força motriz, na coragem em levantar todos os dias e encarar a vida como deve ser, na gratidão como a pacificar a alma nas horas difíceis. Tudo isso e muito mais fizeram-me olhar para o espelho e ver a mim mesma.

Assim como ela, acredito que há uma força divina a nos amparar em nossos passos diários, nas nossas decisões, a fim de "mexermos" nas linhas traçadas em nosso destino.

Existem frases incríveis escritas neste livro, que nos levam a profundas reflexões íntimas e que, ao mesmo tempo, faz-nos querer ler mais e absorver os conceitos e as histórias vividas, que nos remetem à nossa própria realidade.

Este livro não fala de religião ou de crenças doutrinárias. Ele fala de conceitos que até podem ser utilizados ou criados em doutrinas religiosas, mas que servem para descrever ou explicar aquilo que sentimos, nossas vontades, nossos medos, nossas necessidades, as qualidades, os defeitos e os hábitos a serem trabalhados para que possamos alcançar o nosso Propósito de Vida.

Acredito que poucas pessoas possuem, de forma clara em suas mentes e em seus corações, o Propósito de suas vidas. Parece um privilégio. Parece algo distante quando temos vidas tão atribuladas e/ou difíceis, mas a forma amorosa e corajosa como Maria Aparecida nos apresenta as possibilidades provoca reflexões e consciência em todos nós, levando-nos a descobrir nossas capacidades de amar, perdoar, autoconhecer-nos e sonhar... o nosso verdadeiro Poder. Gratidão, Maria Aparecida!

Andréa Equey
Pedagoga

São José do Rio Preto/SP, Brasil, março de 2023

SUMÁRIO

PRIMEIRAS PALAVRAS...19

INTRODUÇÃO
AS PÉROLAS ENCONTRADAS NO CAMINHO.........................26

PRÓLOGO
O PODER DE UM PROPÓSITO......................................32

1
APRENDER FAZENDO, APRENDER A MUDAR MUDANDO 39

2
AS MARCAS QUE DEIXAMOS PELOS CAMINHOS 46

3
SONHO REALIZADO. POSSO DESCANSAR? DESCANSAR SIM,
ACOMODAR-ME NUNCA!...50

4
A DECISÃO: RECOMEÇAR MAIS UMA VEZ...........................54

5
PROPÓSITO, FORÇA DE VONTADE, FÉ: ELEMENTOS PRIMORDIAIS PARA
A CAMINHADA DA VIDA...62

6
O NASCIMENTO DE UM PROPÓSITO DE VIDA: TUDO PODE COMEÇAR
COM UM SONHO...65

7
E PARA QUEM NÃO TEM UM PROPÓSITO DE VIDA NEM SABE POR ONDE
COMEÇAR?..72

8

FORÇA DE VONTADE: O COMBUSTÍVEL PARA O CORAÇÃO GUIADO
POR UM PROPÓSITO DE VIDA 78

9

FÉ: O ALIMENTO QUE NUTRE A ALMA 86

10

A PROMESSA 93

11

O ROUBO DO ÓCULOS: UM VERDADEIRO PRESENTE DE DEUS
E DA MINHA FÉ 96

12

A CERTEZA DE QUE O CÉU ESTÁ A OLHAR POR NÓS: O RAPAZ
DO AEROPORTO EM MARROCOS 100

13

MENTALIDADE POSITIVA: A SÁBIA FORMA DE RECEBER O QUE
A VIDA TRAZ 105

14

OS BENEFÍCIOS DE SE TER UMA MENTE POSITIVA: A EXPERIÊNCIA
COM A COVID-19 111

15

ACEITAÇÃO 116

16

RESSIGNIFICAR: QUANDO O PASSADO É ABRAÇADO COMO
UM PRESENTE 125

17

O PODER TRANSFORMADOR DE UM "BOM DIA!" 130

18

O GUARDA-CHUVA PERDIDO 132

19
PESSOAS FANTÁSTICAS E SUAS MENTES MARAVILHOSAS..........134

20
A ALEGRIA DE RECONHECER E VALORIZAR QUEM E COMO SOMOS...139

21
E QUANDO É UMA EXPERIÊNCIA DIFÍCIL DE ACEITAR?...............142

22
PERDÃO E AUTOPERDÃO: VERDADEIROS PRESENTES PARA
A VIDA TODA..144

23
EDUCAÇÃO: UM PREPARO PARA O PROPÓSITO DE VIDA POR MEIO
DA PRÓPRIA VIDA..151

24
QUAL É O SEU PROPÓSITO?......................................158

25
CORAGEM: A VIRTUDE QUE LEVA À AÇÃO..........................164

26
DESAPEGO: A HORA DE DAR UMA OPORTUNIDADE PARA O NOVO...172

27
ENTREGA: DEIXAR IR COM O CORAÇÃO ABERTO.....................179

28
HARMONIA: O EQUILÍBRIO ENTRE O INTERIOR E O EXTERIOR........185

29
COMPARTILHAR: GERAR APRENDIZADOS PARA OUTRAS VIDAS
MEDIANTE O QUE APRENDEMOS....................................192

30
GRATIDÃO: CORAÇÃO ABERTO PARA RECEBER, RECONHECER, AGRADECER E RETRIBUIR 198

EPÍLOGO
AS DIFERENTES CARAS E FORMAS DO AMOR 206

REFERÊNCIAS 220

PRIMEIRAS PALAVRAS

Como a vida não é estática e caminhar com Propósito pede movimento e novos aprendizados, sempre chega uma hora em que temos que nos desacomodar e iniciar um novo caminho.

(a autora)

Uma coisa que acho linda e estou reconhecendo agora mais do que nunca, apesar de saber disso há muito tempo, é que a vida não é estática. Por mais que a gente queira ou ache que ela seja, ela muda o tempo todo e "pede" que nós também mudemos, na maioria das vezes, a apontar o quê, para onde, em quê/no que precisamos mudar para seguir e cumprir o Propósito para o qual viemos a este mundo, mesmo que não tenhamos consciência dele.

Falo, aqui, de todo o tipo de mudança: lugar geográfico, transformações no nosso interior e exterior, carreira profissional... O mais importante é que estejamos atentos ao que queremos ser (principalmente, enquanto seres humanos mais humanizados), o que queremos fazer *e por qual motivo* fazer, estarmos atentos a quem somos e por que somos assim, para percebermos quando a vida nos solicita mudanças e sabermos o quê/como e por que mudar.

Outra coisa significativa que venho aprendendo é reconhecer o poder que temos dentro de nós para fazermos essas mudanças e essas escolhas um pouco mais conscientes, levando em conta os nossos talentos, dons, tendências mais positivas e vontade. Isso se torna uma ferramenta fantástica na hora de tomarmos uma decisão com a intenção de construirmo-nos como pessoa, de construir um novo caminho ou recomeçar de algum ponto em que havíamos parado. Isso nos dá uma "visão antecipada" da direção que queremos e "para qual direção" devemos ir.

Digo isso por experiência própria, pois justamente quando realizava um trabalho com o qual me identificava, e, de certa forma, estava acomodada na atividade que desenvolvia como docente, comecei a perceber a solicitação da vida por uma mudança, e como era de se esperar, que precisava recomeçar a minha a caminhada. A certeza veio por necessidades que via na função que ocupava e no trabalho que desenvolvia. Eu sentia que precisava de outros conhecimentos, aprendizados novos e, sobretudo, coragem para assumir e ser quem eu queria ser, ou já era, como formação acadêmica e função profissional: uma docente-mediadora, monitora de Educação Profissional.

Nessa altura, lembrei-me de uma fala da minha terapeuta, quando eu era recém-saída do emprego de empregada doméstica. Estava trabalhando como professora e faltava-me coragem para agir como tal na hora de tomar algumas decisões inerentes à nova função. Disse-me ela: *"Cida, você só saiu do antigo emprego, mas continua lá. Na sua mente você ainda é uma empregada doméstica e não uma professora. Você precisa mudar, ser quem você é hoje".*

Naquele dia, ao voltar para casa depois da sessão e fazer uma autoavaliação, vi que ela tinha razão: apesar do respeito por mim e, pelo meu trabalho, das inúmeras oportunidades que tinha no novo emprego e das mudanças externas (roupas, sapatos, cortes de cabelo, diplomas etc.), eu ainda carregava em mim muitos dos sentimentos e comportamentos do passado profissional, como medo de desagradar os meus patrões e perder o emprego. Assim, eu fazia tudo o que eles queriam e muito mais além da minha função.

No novo trabalho estava encontrando dificuldade para confiar no que sabia, no meu conhecimento acadêmico; dificuldade de me colocar e, em especial, de propor uma ideia nova diante de pessoas que eu considerava superiores a mim. Sim, eu precisava mudar, construir "novo eu",[1] mental e emocionalmente condizente com o que almejava ser, pessoal e profissionalmente, e que já era na prática diária. Era preciso mudar o cenário interno e não apenas a aparência externa.

Agora, ao olhar para esse momento, percebo que o emprego na Escola de Educação Profissional foi um presente de Deus para o meu Propósito de Vida, para o meu desenvolvimento pessoal e profissional, e só o tempo necessário para respirar mais aliviada financeiramente; dar-me conta dessas necessidades de mudança; colher aprendizados, conhecimentos e alguns recursos materiais que tive a oportunidade, tanto no trabalho, enquanto professora, como fora dele, e retomar a cadeira de aprendiz buscando o curso de

---

[1] DISPENZA, Joe. *Como criar um novo eu.* Portugal: Lua de Papel, 2012, s/p.

mestrado em uma universidade portuguesa, outro sonho começado na época da licenciatura/graduação.

Ao fazer uma reflexão sobre essa etapa da minha vida e ao escrever este livro sobre o Poder de um Propósito, lembrei-me de uma frase que era o lema do meu pai:

"Se quiser ser alguém na vida tem que aprender a trabalhar".

Sim, ele tinha razão. Para "viver" o Propósito que eu tinha desenhado para a minha Vida eu precisava aprender a trabalhar, não apenas estar habilitada (ter um diploma) para ser professora, mas "SER", de facto, a professora que eu queria ser; perceber o sentido que essa profissão tinha (e tem) na minha vida; sentir o que fazia, sentir-me parte do que fazia e saber por que fazia. Assim, quando me recordei do lema do meu pai, imediatamente veio à minha mente outro pensamento que, acredito, foi – e é –, a peça-chave para as nossas conquistas, pelo menos para as minhas:

Para ser quem quer ser na vida, não seja apenas alguém, seja você. Além de aprender a trabalhar, descubra qual sentido que aquilo que faz, ou que quer fazer, tem para você; identifique e reconheça quais são os seus talentos/dons e procure todos os meios de colocá-los em prática, de alguma forma, no seu ser, viver, fazer diários, com um Propósito. Aprenda a trabalhar-se interiormente: corrigir hábitos mentais que te distanciam dos seus sonhos; transforme medos do desconhecido, emoções e autoconceitos negativos em positividade a seu favor, com a intenção de aprender a conviver em harmonia consigo mesmo/a, com e no mundo em que vive. Sinta-se parte deste mundo e comprometa-se a ajudar a melhorá-lo, para você e para todos.

Aprender a trabalhar, como o meu pai dizia, é importante, mas tão importante quanto saber trabalhar é sentir-se parte do trabalho e saber por que faz tal trabalho; é sentir alegria, gratidão, satisfação, bom humor, realização com aquilo que se faz. Era assim que eu queria me sentir e me sinto hoje.

Nessa caminhada, além da minha formação acadêmica e desenvolvimento pessoal, duas conquistas das quais tenho imenso orgulho, que consegui colocando em prática os meus talentos, as experiências e os aprendizados que o trabalho me trouxeram e que só agora, ao assumir-me como escritora (construindo uma carreira profissional nessa área) com uma intenção definida, percebo como dádivas do Universo e concretização do meu Propósito de Vida: os meus livros *As aventuras do porquinho Rococó*[2] e *Uma história de sucessos: experiências e valores construídos na concretização de um projeto de vida.*[3]

Quando olho para essas obras, vejo a intenção educativa em seus conteúdos, além do convite (mesmo que de forma indireta) para uma vida mais significativa, feliz e comprometida comigo mesma e com a humanidade; percebo o quanto sempre estive alinhada com o que queria e acredito que nasci para fazer. Também percebo que, para levar adiante essa tarefa, era preciso aprender a trabalhar, como o meu pai dizia, dentro e fora de mim. Em tudo isso vejo e sinto o Poder do meu Propósito.

Voltando à "necessidade" de mudança, após essa percepção e, inclusive, depois de deixar a escola em que trabalhava e mudar-me de país para estudar, durante algum tempo sentia-me culpada por não dar aulas e "trabalhar na e para a Educação", como havia proposto a mim mesma quando abracei a oportunidade de atuar como docente. Acredito que, muitas vezes, na ânsia de mudar ou melhorar alguma situação, assumimos um compromisso com tanta força, vontade, e determinação, olhando para ele como a única possibilidade de realizar os nossos objetivos, que se for preciso deixá-lo, mesmo que para melhor, isso pode tornar-se uma dificuldade.

Penso que foi o que aconteceu comigo. Eu abracei o trabalho educacional na escola, com aquele público e da forma que fazia, com tanto comprometimento e amor, que não conseguia ver a amplitude da Educação e o quanto de possibilidades de ação existiam (existem) e podiam ser desenvolvidas com o mesmo compromisso e amor que eu dedicava às aulas na sala de aula e no pequeno trabalho que fazia junto aos professores. Tudo isso eu fui descobrindo e aprendendo na nova caminhada que começava, como estudante de mestrado,

---

[2] SANTOS, Maria Aparecida dos. *As aventuras do porquinho Rococó*. São José do Rio Preto, SP: THS Arantes Editora, 2007.

[3] SANTOS, Maria Aparecida. *Uma história de sucessos*: experiências e valores construídos na concretização de um projeto de vida. São Paulo: Arte & Ciência, 2010.

em um país de pessoas maravilhosas, completamente diferente da terra em que nasci.

Neste livro, são algumas dessas e outras descobertas que tive a intenção de trazer, a fim de compartilhar alguns dos valores e aprendizados colhidos na caminhada abraçada a partir da escolha e da decisão pelo propósito de aprender e levar adiante o que aprendesse, que me permitiram ir além de cumprir a promessa da infância – voltar a estudar – e que, então, incluía dar um sentido mais amplo para o que estudava.

Iniciava-se mais uma etapa do meu próprio desenvolvimento, transformando-me externa e interiormente, desenvolvendo novas habilidades, reforçando valores, identificando e criando o hábito de praticar novas atitudes, em especial, atitude mental mais positiva, eliminar sentimentos negativos que não reconhecia ter, assim como limpar muitos sentimentos tóxicos representados em crenças limitantes, paralisantes, que ainda carregava desde a infância.

É interessante que, quando estamos "sozinhos", por exemplo, em um país desconhecido, distantes do meio em que estávamos habituados a viver, onde, de certa forma, sentíamo-nos mais seguros, parece que esses sentimentos e emoções ficam mais aflorados. Penso que, talvez, essa seja mais uma estratégia do Poder do nosso Propósito para nos ajudar a resolvê-los e continuar a nossa caminhada rumo ao nosso crescimento pessoal. Esse é só um pensamento meu.

Para finalizar, acreditar que na nossa vida nada acontece por acaso, que tudo o que fazemos tem um sentido e atende a um **Propósito Maior**. Coloco aqui aquele que sinto como o **Propósito deste livro**:

Dar a sua contribuição, por mais simples e humilde que seja, para as escolhas pessoais daqueles/as que a ele (livro) tiverem acesso; encorajar e iluminar o caminho para o encontro dos talentos/dons mais extraordinários que, com certeza, têm, e para que os coloque em prática como um Propósito de Vida que tenha o poder de orientá-los/as, motivá-los/as, dar sentido para a caminhada existencial, transformando a si mesmos/as e ajudando a transformar o mundo em que vive para melhor.

Desse modo, penso que esta obra também contribuirá para a construção de um mundo mais humanizado e fraterno, a partir da paz e alegria que fizer morada no coração de cada pessoa, no encontro com ela mesma, no aprendizado de pensar positivamente e de transformar essa atitude em hábito mental diário, ingrediente que considero a base para escolhas e tomadas de decisões de quem sabe o que quer, por que quer e aonde quer chegar. Para esse objetivo, entre inúmeros exemplos citados adiante, tenho como parâmetro a minha caminhada, na qual pude conhecer **o Poder de um Propósito** quando o escolhemos conscientes do que queremos, por que queremos, na certeza de que por meio dele **é possível mudarmos um (ou até mais) destino(s)**.

Outro objetivo que espero alcançar com esta obra é reforçar o entendimento da reflexão deixada no final do livro *Uma história de sucessos: experiências e valores construídos na concretização de um projeto de vida*: "Sonho realizado! Posso descansar? Descansar, sim, mas acomodar-me nunca! Novos sonhos começam... A vida continua, agora com um brilho maior".[4]

Sim, outros os sonhos começaram. A vida, com um brilho maior e mais significativo, continuou pedindo movimento, solicitando outros conhecimentos, outros aprendizados... E eles vieram, muito maiores e intensos do que eu imaginava. É para conversar sobre eles para conhecer um pouco mais sobre alguns deles que partilho com você essa trajetória, com o sentimento de estar cumprindo um dever que me dá imenso prazer e alegria: o de fazer duplicar os talentos que recebi para esta vida, como nos foi ensinado há mais de dois milênios. Assim, sentindo que a essência desta obra, como do meu percurso existencial, é uma vitória da fé, da esperança e do amor, desejo aos leitores e leitoras uma boa caminhada, bem como a colheita dos bons e lindos aprendizados que estão escondidos no **Poder de um Propósito**.

---

[4] SANTOS, 2010, p. 116.

"Quando fazes o melhor que podes, nunca sabes qual milagre é forjado em tua vida, ou na vida de outras pessoas".

(Helen Keller [1880-1968] – escritora, conferencista e ativista social norte-americana, surdo-cega).

Maria Aparecida Santos

Porto, Portugal, uma tarde de sol outonal muito linda, do ano de 2022, às margens do Rio Douro

INTRODUÇÃO

As pérolas encontradas no caminho

Que a vontade de viver e viver com vontade sejam os nossos primeiros e maiores propósitos, sempre.

(a autora)

Gosto do pensamento do escritor português José Saramago (1922-2010): *"É preciso sair da ilha para ver a ilha. Nós não vemos se não saímos de nós [...]*[5]*"*, por acreditar que a vida é bem assim: ao mesmo tempo em que precisamos de algo que nos motive e oriente a caminhada, temos que nos desapegar de coisas, de situações, que já não fazem sentido, dentro e fora de nós, se quisermos ver não apenas a ilha, mas ver, apreender e levarmos adiante muito do que ela oferece e que está escondido em seu interior. Como escrevi anteriormente, se estivermos atentos conseguimos perceber as "setas" que a vida vai colocando para que saibamos como e por onde caminhar. Considero essas setas como os aprendizados, que são verdadeiras pérolas a enfeitar a nossa existência.

Ainda sobre a "ilha", na minha concepção e por experiência própria, ela pode ser as formas, muitas vezes não tão positivas, como sentimos e vemos a nossa vida e as vivências que a compõem. Ao mudarmos essas formas, tendo como base um Propósito como um "lugar" em que pretendemos chegar e pelo qual desejamos viver, damo-nos a oportunidade de construirmo-nos como pessoas, para além de possibilidades de transformar o nosso e outros destinos, a partir do contato e dos aprendizados com aqueles/as que partilham a caminhada conosco.

Como escrevi na epígrafe, penso que para isso é preciso, primeiro, *ter vontade de viver e viver com uma vontade intencional*. É o que acredito que acontece quando alguém se dispõe a sair da sua pequena ilha, seja ela a própria mente, o coração ou a casa, com um

---

[5] SERRA, 2022, p. 168.

propósito de melhorar e ajudar a melhorar o mundo em que vive. Foi com esse pensamento que começou – e continuará enquanto eu viver –, o que chamo de a minha trajetória, a partir do momento em que, por uma frustração (ser retirada da escola), tomei consciência de querer alguma coisa e de saber o que queria (mesmo que, ainda, não tinha a consciência de por que queria, e que descobri mais tarde).

Ao mudar a forma de olhar para as minhas experiências, o que comecei a perceber na caminhada que construí (que estou construindo), e achei maravilhoso, foram os **aprendizados** que ficaram, que fizeram e fazem toda a diferença na minha vida, quando, enfim, abracei conscientemente um Propósito, sabendo o que queria e por qual motivo queria realizá-lo em tudo o que fazia e faço. Para mim, estes aprendizados são verdadeiras pérolas que fui encontrando enquanto "caminhava", e que ajudaram a transformar-me na pessoa que sou.

Como seria muito difícil escrever aqui tudo o que aprendi na minha trajetória existencial até este momento, pois os aprendizados são incontáveis, vou trazer alguns dos que fizeram muita diferença para ser quem sou e para as minhas conquistas. Entre esses aprendizados está o não julgar mais a mim ou a outras pessoas pelas aparências, pensando que não é possível ver os sentimentos, as emoções que trazemos em nós e que, na maioria das vezes, estão na base da vida e das nossas escolhas. Nisso está a importância de observar o nosso comportamento diante dessa ou daquela situação; está o "o que ou como" fazemos para superar as adversidades que, dependendo da sua natureza, pode gerar transformações positivas dentro e fora de nós e tornar-se em algo apreendido. Esse "o que ou como" eu trago no primeiro capítulo – **aprender fazendo, aprender a mudar, mudando,** sem a intenção de que seja uma receita a ser seguida.

Outros aprendizados que trago comigo são: perceber **as marcas ou pegadas** que deixava por onde passava e a diferença que elas podiam fazer tanto na minha própria vida quanto na vida de outras pessoas, inclusive, inspirando-as, ou não, em suas escolhas; a importância das **decisões** que tomei, tendo a consciência do motivo pelo qual as tomei; a capacidade e a **coragem** para **recomeçar** ou começar algo novo; o valor de ter um **Propósito**, uma intenção para orientar a caminhada e as minhas escolhas, as minhas buscas, com **força de vontade e fé**. Manter uma **mente positiva**, em especial na forma de olhar para as situações e circunstâncias que encontrasse pelo caminho, recebendo-as como oportunidade de crescimento, mesmo aquelas do passado, aprendendo a ressignificá-las, também é um contributo que vou levar para a vida toda.

Nesse caminhar, com base nas diversas experiências, na docência e fora dela, que, acredito, construíram e estão me construindo como ser humano mais humanizado, aprendi o que considero o verdadeiro significado da frase "atuar na e para a **Educação**", entendendo-a como uma via de mão dupla, como o ato de educar o intelecto, a mente e o coração, utilizando-se do valor das vivências de quem ensina e de quem aprende, num processo em que, ao mesmo tempo, ambas as partes aprendem e ensinam o que sabem e o que são. Creio que, por esse motivo, os ensinamentos de Jesus vivem até hoje. Ele ensinava a partir do que era, das próprias experiências e das experiências dos seus discípulos, utilizando-se do seu Poder Pessoal.

Acredito que, na nossa vida, se estivermos predispostos, independentemente de trabalharmos dentro ou fora de casa, de cargo ou função ocupada, podemos ensinar e aprender muito uns com os outros, por meio das nossas experiências, dos nossos saberes, que são belíssimos...

Nessa viagem chamada existência, a **coragem** para tomar decisões, para enfrentar os mais diversos acontecimentos e circunstâncias que a vida trazia, e ainda traz, foi outra coisa que descobri dentro de mim e que se tornou uma companheira constante. Nunca me reconheci como uma pessoa corajosa até decidir sair da casa dos meus pais em busca de realizar os meus sonhos, meus Propósitos, e ter que enfrentar situações que antes nem sequer pensava em passar, quanto mais superar.

Cheguei a criar duas ideias para os momentos mais desafiadores: a primeira era pensar: por algum motivo que eu desconheço, não apenas para realizar um sonho meu, estou passando por isso, então é a minha oportunidade de aprender alguma coisa, de dar um passo à frente, e **eu quero e vou vencer**; a outra era **agradecer a Deus, a mim mesma** e às pessoas com as quais podia contar, pela força e pela energia positiva que sentia me empurrarem para frente, pela ajuda que aparecia no momento certo, e por eu ter um Propósito que me fortalecia e me motivava a ir adiante, independentemente de qualquer coisa.

Assim também aprendi a exercitar o **desapego**, ou a capacidade de deixar ir embora aquilo que percebia que não me servia mais ou atrapalhava o meu caminho: os acontecimentos do passado, as lembranças e as memórias menos felizes, pesos desnecessários que carregava dentro de mim – esse foi um hábito importante que comecei a praticar (e continuo) cada vez mais. Isso incluía desde as coisas mais simples, como deixar de comer algo (ou diminuir o consumo) que sei que é prejudicial para a saúde até aqueles autoconceitos e sentimentos menos bons que, se não tivermos cuidado, têm o poder de levar-nos a fazer ou a falar coisas que não gostaríamos ou não deveríamos, inclusive de nós para nós mesmos/as.

Por meio do que considero o Poder de um Propósito aprendi o valor de estar em **harmonia** principalmente comigo mesma; um bem-estar difícil de explicar que faz com que amanheçamos "com o coração a cantar" e agradecendo sem nem saber por que. Também descobri a importância da **entrega**, no sentido de entregar meus caminhos, meus objetivos e Propósitos, minhas conquistas, nas mãos de Deus, do Universo, e esperar, ativa e confiantemente pelas respostas, sobretudo quando tinha dúvidas sobre decisões ou a direção a seguir. E elas sempre chegavam e chegam, na maioria das vezes inesperadamente.

Como não poderia deixar de mencionar, fortaleci em mim o valor de **partilhar o que aprendi e o que estou aprendendo**, que chamaria de "o coração do meu **Propósito de Vida**". Vejo essa atitude como um presente, uma forma de aprender e uma oportunidade de agradecer a Deus e ao Universo por todas as bênçãos que ajudaram e ajudam a transformar a minha vida e o meu destino para melhor. Aqui, os aprendizados chegam por meio das reflexões partilhadas, das trocas de experiências, dos exemplos pessoais de outras pessoas, sejam elas conhecidas ou desconhecidas, alunos/as, colegas de trabalho, amigos/as, família, com quem convivo ou convivi em algum momento. Vejo aqui a beleza da sabedoria africana Ubuntu: "*Irmos tornando-nos pessoas através da relação com os outros*"[6].

---

[6] CONSÓRCIO UBUNTU. Building bridges for peace. *Construir pontes Ubuntu – Para uma liderança servidora*. 2019. Disponível em: https://www.academialideresubuntu.org/pt/publicacoes/livro). Acesso em: 22 mar. 2022.

Nesse caminho aprendi o significado e o valor da **gratidão**: estar com o coração aberto para reconhecer, agradecer e retribuir sempre, da forma que for possível, por tudo e a todos/as. Aprendi que gratidão é uma forma de ver as coisas que acontecem na nossa vida e que posso praticá-la em qualquer lugar ou momento, apenas pelo pensamento e sentimento que estiver emitindo. Esse é um dos maiores aprendizados que recebi na minha trajetória e o diferencial que ele me traz todos os dias é algo que não tem como dimensionar.

Por fim, destaco o **amor**, esse sentimento difícil, ou quase impossível de definir, de tão grandioso que é. Descobri a existência do amor em suas mais diversas caras, formas e manifestações, vindo dos mais diferentes corações, diante de situações e circunstâncias que pareciam colocadas no meu caminho com uma determinada intenção: a de me ensinar algo.

Aqui, alguém pode perguntar: você aprendeu, mesmo, tudo isso? Como ou o que fez para aprender? Bem, eu já esperava por perguntas desse tipo, então, vem comigo, vamos conversar enquanto caminhamos.

Eu buscava luz nas fontes que conhecia fora de mim e, em muitos lugares, apesar de encontrá-la, sentia que as luzes trazidas por aquelas fontes não clareavam o meu caminho na direção dos meus anseios. Mesmo sem compreender, com a mente e o coração sedentos por essa claridade, continuei a minha busca. Mais à frente, enquanto refletia sobre "qual luz buscava", "por que" e onde a buscava, percebi que eu já tinha a luz que tanto almejava encontrar. Sim, eu a tinha dentro de mim, há muito tempo, mas por olhar somente para fora, por buscar em outras fontes, não a via e não a deixava brilhar. Assim, a procurar dentro do meu próprio coração, encontrei-a. Hoje, ela, a minha luz, ilumina os meus passos e, mesmo ainda pequenina, muitas vezes a juntar-se às luzes de outros corações que partilham da minha jornada, ajuda a diminuir a escuridão do caminho de outros caminhantes. Essa luz tem um nome: Propósito de Vida.

(poema desta autora: "A luz que existe em mim")[7]

---

[7] SANTOS. *De coração para coração*: mensagens para aquecer a alma. (s/p), 2022. Disponível em https://www.youtube.com/watch?v=F_YJubKEJv4&t=63s. Acesso em: 28 out. 2022.

PRÓLOGO

O PODER DE UM PROPÓSITO

É possível mudar um destino?

Acredito que o Poder de um Propósito está principalmente na fé, na esperança e no amor que o move; os mesmos valores que nos ajudam a encontrar todos os outros recursos que temos em nós, mesmo sem os reconhecermos, e que, juntos, podem ajudar a mudar um destino, o nosso, *e também – e até para cumprir parte do Propósito para e pelo qual fomos criado e vivemos neste mundo – ajudar na mudança de muitos outros destinos por meio de nós.*

(a autora)

Se pararmos para pensar e observarmos com atenção, podemos perceber o Poder de um Propósito, primeiramente em nós mesmos, em toda a nossa constituição biológica, nos sistemas que nos compõem e nos mantêm vivos, e em todo o nosso redor, na diversidade de vidas que nos cercam.

Se formos capazes de levantar a cabeça, deixando de olhar apenas para o nosso próprio umbigo, e olharmos para o caminho que trilhamos, vamos ver que muitas outras pessoas caminharam e caminham conosco, ajudando-nos das mais diversas formas, cada qual por meio do que é e consegue realizar.

Se conseguirmos elevar o olhar um pouco mais acima de nós, podemos ver e sentir o Poder de um Propósito na luz e calor do Sol, propícios à germinação das sementes e do bem-estar de qualquer ser vivo; na beleza e no frescor da noite, com ou sem a presença da Lua; no brilho das estrelas que enfeitam o Universo, como se tudo tivesse sido amorosamente organizado e preparado para favorecer a nossa existência.

Se distanciarmo-nos mais ainda da nossa mente limitada, podemos contemplar a Vida em toda a sua grandeza, criada para propiciar a nossa evolução como seres humanos, como individualidade que somos e, ao mesmo tempo, parte de um Todo que é interligado, dando-nos a oportunidade de viver e conviver, de aprender e de ensinar.

Ao voltar o olhar novamente para nós, agora para o nosso interior, tentando identificar os nossos dons e talentos, as nossas capacidades e habilidades que, muitas vezes, são percetíveis desde a mais tenra infância, é possível perceber que não fomos criados por e para o acaso, e, sim, com e para um Propósito, que cada um traz em si, que está a espera de ser reconhecido, aceito e levado adiante a fim de dar sentido, de dar intenção para a própria vida e, no que for possível, contribuir para e com a vida de outros seres, com a Humanidade.

Assim, acredito que as nossas conquistas, aquelas que nos ajudam a crescer como pessoas mais humanizadas e, ao mesmo tempo, respeitando as escolhas individuais, contribuem para que outras pessoas possam fazer o mesmo, não são obras do acaso; elas são o resultado da sintonia da nossa vontade e da nossa intenção com um Propósito Maior. Pensando assim, acredito que tanto é possível *mudar um destino como escrever não apenas uma História, a nossa, mas, a partir dela, da forma como a vivenciamos e a contamos, contribuir para que muitas Histórias de Sucessos sejam escritas por outros/outras protagonistas.*

Com esse pensamento eu comecei o meu segundo livro, *Uma história de sucessos: experiências e valores construídos na concretização de um projeto de vida*, publicado em 2010, no qual conto um pouco da minha trajetória, dos aprendizados construídos depois de fazer uma mudança que parecia impossível na minha vida: deixar a casa da minha família, ou seja, sair de casa, com a intenção de realizar o sonho de ir para a universidade. Essa seria mais uma etapa para cumprir a promessa que havia feito a mim mesma, aos 8 anos, quando tive que deixar a escola: "Vou trabalhar, mas quando puder, volto a estudar e vou ter um futuro melhor".

No momento dessa mudança, eu estava com 19 anos e cursando a 8ª série do ensino fundamental (9º ano hoje). Na referida obra, descrevo um pouco do que aprendi desde aquela promessa infantil até deixar a família e mudar-me para uma cidade grande, inicialmente como babá/ama, mas, e sobretudo, para aproveitar a ótima oportunidade que via, naquele momento, de concretizar o sonho que trazia comigo: estudar, tornar-me universitária. E consegui, apesar de concluir a educação secundária com 23 anos e o sonho de ir para a faculdade só virar realidade no ano de 2001, quando eu estava com 36 anos.

Com isso, eu aprendi que não há limite de idade para sonhar e realizar os nossos sonhos, para além da importância da fé, da perseverança e da esperança na realização de algo que se quer muito. Na verdade, penso que naquela época, o Poder do meu Propósito, mesmo que eu ainda não o reconhecesse, já se fazia presente, ajudando-me a manter a chama do meu sonho acesa e a "providenciar" tudo o que eu precisava para realizá-lo.

O mais interessante é que quando chegou a hora de decidir o que fazer na tão sonhada faculdade, qual curso estudar, comecei uma busca intensa dentro e fora de mim, dia e noite (muitas vezes perdi o sono pensando nisso). Eu sou daquelas pessoas que gosta – ou aprende a gostar – de tudo que faz e isso dificultava a decisão. Eu amava (e amo) estudar, mas, meu Deus, eram tantas as possibilidades, as oportunidades, e apesar de ter verdadeira paixão por cuidar, por trabalhar com crianças, e isso ser algo que eu queria muito fazer profissionalmente, sentia dificuldade em escolher. Por quê? Não sabia.

Foi um dos momentos mais difíceis da minha vida, pois sentia-me perdida e sem saber qual caminho seguir, mas ao mesmo tempo sentia que estava no caminho certo e a dar um novo passo. Esse sentimento dava-me forças para continuar. Hoje, ao olhar para aquele momento, sei que eu tinha medo do desconhecido, medo de fazer escolhas erradas, apesar de uma vontade imensa de ir adiante. Então surgiu a oportunidade de fazer um **trabalho voluntário** com crianças, daqueles que a gente sente como um chamado impossível de recusar.

Sem que eu imaginasse, começava aí a primeira conspiração do Universo, ou a mão de Deus, para que eu, enfim, encontrasse o caminho que sigo até hoje e o Propósito do qual falo neste novo livro, que mudaria o meu destino pessoal, profissional e geográfico. Além disso, essa foi a porta aberta que me ajudaria a cumprir uma importante etapa da promessa citada anteriormente, que seria construir/ter um "futuro melhor", começando a mudar tanto a minha realidade interior (algumas formas de ver as minhas experiências de vida, em especial da infância; atitudes mentais, sentimentos e autoconceitos negativos), quanto a exterior, e, como entendo hoje, dar a minha contribuição, mesmo que pequena, para a construção de um futuro melhor também por e para outras pessoas.

Digo isso porque foi nesse trabalho, pelo qual me apaixonei em especial pela oportunidade de "ensinar" e "mediar" a aprendizagem e inter-relacionamentos entre crianças de até 3 anos que, ao conviver com um menino com Síndrome de Down, descobri o que eu queria fazer: estudar para aprender e trabalhar na e para a Educação, ou seja, ser professora.

Sim, aquele pequenino foi um mestre para mim. No contato e no que aprendia com ele, nas pesquisas que fui fazer para saber mais sobre essa síndrome, **decidi** que queria estudar, aprender e levar adiante o que aprendesse a fim de contribuir para que outras pessoas também pudessem fazer o mesmo: aqui estava desenhado o meu **Propósito de Vida**, que só consegui perceber um pouco mais tarde, e que me orienta e me motiva até hoje em praticamente tudo o que faço, estudo, escrevo, falo...

Assim, com a decisão de aprender, multiplicar, dividir o que aprendesse, e vontade de trabalhar na e para a Educação transformadora, consegui licenciar-me em Pedagogia Plena, especializei-me em Psicopedagogia (essa formação com a intenção de ajudar crianças com dificuldades para aprender, realidade com a qual me deparei nos estágios académicos), para, então, conquistar o que considero uma das minhas maiores vitórias e o cumprimento do que havia me prometido: concretizar a busca por um futuro melhor, mudando a minha "carreira profissional" de empregada doméstica para monitora de Educação Profissional e docente-mediadora de cursos profissionalizantes para jovens e pessoas com deficiência intelectual. Assim, começava a mudar a minha realidade exterior e a contribuir, por meio do trabalho educacional, para que outras pessoas fizessem o mesmo, de acordo com sua vontade, seus sonhos e seus objetivos.

Hoje, percebo que a partir do momento dessa decisão académica e escolha pelo trabalho na docência, o que era um sonho tornou-se algo maior, que já não era apenas de estudar. Existia um "porquê" estudar que defini como aprender com a intenção de ajudar a transformar vidas, ajudar outras pessoas a aprenderem e partilhar os meus aprendizados e conhecimentos por meio da Educação. Dessa forma, concretizava, de facto, o sonho que motivou a minha promessa e pelo qual iniciei essa trajetória, ao abraçar a primeira conquista no ano de 1981, voltando para a escola em um curso "supletivo"(estudando dois anos letivos em um) e recomeçando os estudos que havia parado na segunda série primária.

No ano de 2001 dei mais um passo com a entrada na faculdade, concluindo uma Licenciatura em Pedagogia Plena, especializando-me em Psicopedagogia – atuação clínica e institucional –, e, enfim, o que considero um dos momentos mais esperados: ser contratada por uma escola reconhecida, o Serviço Nacional de Aprendizagem Comercial (Senac) – São Paulo, em São José do Rio Preto, à qual tenho imensa gratidão pela oportunidade que recebi; por poder iniciar como docente na Educação Profissional e na Educação inclusiva, na capacitação profissional de jovens e de pessoas com deficiência intelectual, conquista que chegou em março do ano de 2009 e da qual tenho imenso orgulho até hoje.

Ao observar a minha caminhada, desde a realidade socioeconômica em que nasci e vivia, para mim ficou claro que é possível mudar os nossos destinos e escrevermos belíssimas Histórias de Vida se tivermos um Propósito no coração que nos oriente, se tivermos uma ideia do que queremos ser, *por que queremos*, e se acreditarmos que isso é possível; se conseguirmos perceber as oportunidades que chegam até nós e abraçá-las, comprometidamente, com mente positiva, fé, esperança e amor. Ao perceber tudo isso, percebi também que

> *"quando aprendermos a moldar as capacidades de observação de forma a afetar intencionalmente o destino, estaremos no caminho certo para viver a versão ideal da nossa vida, tornando-nos a versão idealizada de nós próprios".* [8]

Porém, uma coisa ficou muito clara para mim: para que a transformação aconteça de facto, a nossa aprendizagem precisa ser ativa, o que significa aprender a moldar moldando, a aprender a construir um novo "nós" construindo. Como é isso? Vamos em frente.

---

[8] DISPENZA, 2012, s/p.

Aprender a fazer fazendo

Os mestres de artes mecânicas não ocupam as mentes dos aprendizes com discursos teóricos, mas os levam prontamente a fazer as coisas para que aprendam a fabricar fabricando, a esculpir esculpindo, a pintar pintando, a dançar dançando etc. Também nas escolas deve-se aprender a escrever escrevendo, a falar falando, a cantar cantando, a raciocinar raciocinando, para que elas nada mais sejam que oficinas fervilhantes de trabalho. E na prática será verificada a verdade do ditado "fazermo-nos fazendo".

(Comenius)[9]

---

[9] COMENIUS (1592-1670). *Didática magna*. Tradução de Ivone Castilho Benedetti. São Paulo: Martins Fontes, 1997. p. 244.

1

APRENDER FAZENDO,
APRENDER A MUDAR MUDANDO

Só se aprende o que se pratica. Aprende-se fazendo. Não importa que se trate de uma habilidade, uma ideia, um controle emocional, uma atitude ou uma apreciação, pois só uma experiência de situação real da vida efetiva a aprendizagem[10].

Bem, vou tentar responder aqui as duas perguntas colocadas no fim de "Primeiras palavras", principalmente para dar uma pequenina luz para aqueles/as que perguntarem: "como"? Entretanto é importante pensarmos que a partir do pensamento de que somos únicos, não existe uma receita específica ou pronta para a busca e a realização de um Propósito pessoal. Mas uma coisa eu acredito que seja igual: a necessidade de conhecermo-nos, saber o que queremos, por qual motivo queremos e, de alguma forma, acreditar que a sua realização é possível.

Para a primeira questão: você aprendeu, mesmo, tudo isso? A resposta é sim, no sentido de já dar conta de fazer, mas, acredito que somos eternos aprendizes, que estamos sempre a aprender, se quisermos, enquanto vivermos, portanto, apesar disso, tenho muito chão pela frente. O que escrevo e coloco como "eu aprendi" ou "estou aprendendo" é aquilo que já consigo fazer, que, diante de uma determinada situação ou circunstância, não me causa sofrimento e não perco tempo me lastimando, reclamando, para tomar uma decisão ou a atitude mais assertiva e positiva.

Nesses momentos, consigo pensar e sentir, um em consonância com o outro, para agir da melhor forma possível; ou seja, a mente, principalmente negativa, não está mais no comando e ela e o coração trabalham o mais alinhadamente possível. O meu *"mindset"*[11] (mentalidade) é de *"crescimento"* na maior parte do tempo (e no

---

[10] SCHMIDT, 2013.

[11] DWECK, C. *Mindset* – A nova psicologia do sucesso. 1. ed. Localidade: Objetiva, 2017. p. 34 [recurso eletrônico].

restante esforço-me para melhorar) e não *"fixo"*, como os descreve Carol S. Dweck.

Em relação à segunda questão: como ou o que fez para aprender? Bem, nesta caminhada, descobri que *"há mestres em toda a parte e lugares, como nós também somos; a grande maioria sem ter a consciência de que está a ensinar alguma coisa. Mas, está (estamos). E qualquer pessoa que estiver a fim de aprender, com o coração aberto para receber, consegue perceber essa dádiva e crescer com ela"*.

Outra coisa é que eu, até pela experiência na Educação Profissional, acredito que só construímos ou encontramos algo trabalhando para isso e buscando-o por meio das nossas próprias ações. Sobre os nossos caminhos, também acredito que vamos construindo-os à medida que vamos caminhando. Assim são os aprendizados: só aprendemos de verdade praticando, ou seja, habituando-nos a fazer, a ser, a sentir o que fazemos.

Por exemplo, depois de muito tempo trabalhar, estudando e abrindo mão de coisas importantes para mim, algumas vezes, apesar de ter conquistas, como concluir um curso universitário com êxito, eu não me sentia realizada como gostaria, a ponto de não comemorar aquilo que conseguia como uma vitória incrível (e era). Ao perceber isso, fui (numa ação interna) em busca de entender o que acontecia comigo.

Assim, descobri que apesar de atitudes como a de seguir em frente diante de situações difíceis, da perseverança, da persistência, entre outras coisas, algumas vezes, algo dentro de mim dizia e fazia o contrário. Isto é, eu tinha *sabotadores dentro de mim* atitudes e estados mentais emocionais negativos, pensamentos, sentimentos e crenças limitantes, que bloqueavam ou me impediam de me sentir feliz, alegre, de acreditar naquela conquista, que era uma realização minha, de comemorar, como explica o pesquisador e autor Daniel Goleman em seu livro *Inteligência emocional – A teoria revolucionária que define o que é ser inteligente*:

> *As pessoas com prática emocional bem desenvolvida têm mais probabilidade de se sentirem satisfeitas e de serem eficientes em suas vidas, dominando os hábitos mentais que fomentam sua produtividade; as que não conseguem exercer nenhum controle sobre sua vida*

emocional travam batalhas internas que sabotam a capacidade de concentração no trabalho e de lucidez de pensamento.[12]

Ao descobrir isso começou outra caminhada: encontrar como e aprender a transformar o meu estado interior para ser do jeito que eu queria que fosse, em todos os momentos, independentemente do que estivesse acontecendo na vida. O meu Propósito pedia isso. Aliás, tudo na minha existência precisava e precisa disso. Acredito que essa seja uma busca contínua de todo ser humano que pretende e quer ser o mais humanizado possível, pois humanos todos nós somos. Começava, então, a parte mais difícil, entretanto, como sinto e vejo hoje, a mais bonita e que, de facto, trouxe-me às maiores conquistas: a certeza do caminho que escolhi seguir, a paz interior, que não tem preço, e a realização de muitos objetivos imediatos.

Hoje, olhando para trás, penso que encontrar o "como" não foi e não é difícil, pois considerando o que escrevi, acredito que temos mestres e oportunidades (como as nossas experiências) de aprendizados em todos os lugares por onde passamos. A parte difícil era controlar e superar aqueles intrusos internos, os sabotadores, que apareciam todas as vezes em que eu encontrava o "como" e decidia aproveitar a chance de aprender e mudar. Eu precisava ter maior autocontrole ou controle das minhas emoções e pensamentos.

Uma coisa fundamental que aprendi e que funcionou como uma estratégia perfeita, é que temos em nós a capacidade de escolher o tipo de pensamento e de sentimentos que queremos carregar dentro de nós, basta que a exercitemos e façamos dela um hábito diário, independentemente das circunstâncias. Por isso eu sabia que era possível e que eu conseguiria transformar o meu mundo interior para melhor. Só precisava, como sempre, dar o primeiro passo e não desistir diante de alguma dificuldade que encontrasse. Assim eu fiz, começando por ser mais atenta aos pensamentos que me incomodavam, atrapalhavam-me e eu queria limpar.

Para facilitar o entendimento, vou listar algumas coisas que eu percebi que precisava mudar ou criar o hábito saudável diário, e alguns dos sabotadores internos que fui identificando e o que eu fazia para vencê-los:

---

[12] GOLEMAN, 2011, s/p.

Tomar decisões: nesses momentos, apesar de saber o que queria realizar e onde queria chegar, apareciam pensamentos como: e se der errado? E se você se arrepender? Vale a pena correr o risco? Se não der certo, o que as pessoas vão falar? Você não vai conseguir. Esses intrusos povoavam-me a cabeça dia e noite. Assim, comecei a **buscar toda a ajuda que podia**, em profissionais, em livros, com pessoas conhecidas e confiáveis que poderiam me orientar. As falas eram as mesmas: enfrentar cada um daqueles pensamentos sabotadores, mas, acima de tudo, aprender a confiar mais em mim.

Na verdade, eu tinha medo de errar, faltava-me autoconfiança, fé nas minhas capacidades, apesar do que fazia e dos resultados positivos que tinha. Era preciso acreditar em mim, como dizia que acreditava em Deus; enfrentar e dar o primeiro passo. Foi o que eu comecei a fazer. No início a sensação era estranha, eu chegava a sentir um vazio no coração, mas logo ia percebendo uma alegria (lembra-se da dificuldade de alegrar-me que anteriormente eu disse ter?), como se tivesse vencido algo. E tinha. Havia vencido a mim mesma, a principal sabotadora das minhas realizações.

Foi a mesma coisa **na coragem** para **recomeçar** ou começar uma coisa nova, como deixar um emprego no qual, apesar de gostar muito, sentia que as coisas não andavam bem, de mim para comigo, e ir em busca de outro para o qual eu tinha estudado, preparado-me. Até o mudar de país para estudar, por exemplo, enfrentei o medo de algo novo, mas consegui superar a ideia do "e se der errado" pensando: "se der errado eu volto, afinal, posso estudar, trabalhar, em qualquer lugar, basta que eu me prepare para isso". Vergonhoso é fazer coisas que prejudicam outras pessoas e esse não era o meu caso. Junto a isso, mantinha o foco no que eu queria, nas pessoas que tinha como exemplo de atingirem os seus propósitos com dignidade.

Para o pensamento "o que vão pensar se der errado", eu desenvolvi a seguinte resposta, caso fosse preciso: primeiro, qual era o caminho certo? Alguém pode dizer ou saber com clareza? E segundo, se eu não tentasse eu nunca saberia se daria certo ou não. Na dúvida, sigo o meu coração. Graças a Deus nunca precisei usar nenhuma dessas respostas. Com essas estratégias eu aprendi a ser mais corajosa conforme eu enfrentava o medo, a dúvida e os pensamentos negativos e sabotadores.

A **força de vontade** sempre foi algo que eu trouxe em mim, mas às vezes eu me sentia enfraquecida, principalmente quando passava por situações menos boas ou encontrava certas pessoas (os sabotadores externos) pessimistas, com seus pensamentos desencorajadores, que tentavam puxar-me para baixo. Essas pessoas – pelo menos a maioria que conheci – eram nitidamente pessoas necessitadas de afeto, frustradas em seus sonhos, tinham uma imensa vontade de falar de si mesmas, e eu, que gosto de ouvir, aprendi a ser solidária, ouvindo-as e entendendo por qual motivo eram como eram.

Quando as ouvia, uma das coisas que falava era para **olharem em volta delas** e ver quantas pessoas tinham dificuldades maiores; olharem para as próprias **conquistas**, que com certeza elas tinham e eram muitas, a começar pela própria vida, **a força para vencer os desafios** que tinham encontrado. E sobre isso descobri algo fantástico, vi que essa ideia dava resultados positivos em mim, fortalecia a minha força de vontade para ir adiante. No fim, eu era a primeira pessoa a ser beneficiada, e ao sentir-me mais confiante e mais fortalecida, seguia o meu caminho com novo ânimo e entusiamo. Eu ajudava-me ajudando outras pessoas. Aprendia a fazer fazendo.

Para a **fé** e a **mente positiva** foi a mesma "receita": enfrentar, construir estratégias com base nos exemplos de pessoas que tinham passado por situações semelhantes e vencido (temos milhões desses exemplos), buscando fortalecer-me por meio das minhas crenças em Deus.

Para habituar-me a pensar positivo, sempre que percebia um intruso negativo sabotador, eu aprendi a agir como "um observador" dos meus próprios pensamentos e perguntar: **de onde vem essa ideia? Ela é minha? Eu sou isso ou assim? NÃO, eu não sou!** Muitas vezes, repetia esses questionamentos e a resposta inúmeras vezes ao dia, até perceber que começava a mudar a visão sobre mim ou algo que eu queria fazer. Ainda uso essa prática. **Aprender a mudar mudando.**

Uma coisa que percebia em mim era que eu sempre sabia o que deveria fazer, ser, pensar na hora de dar um novo passo para a mudança, dentro ou fora de mim, mas por motivos que nem sempre sei quais são, ou pelo comodismo de querer que as coisas fossem mais fáceis, queria buscar outro caminho, mesmo que ele trouxesse desconfortos, dúvidas. Nessas horas, habituei-me a virar (literalmente, mesmo que parecesse estranho) a cabeça, ou o tronco, para o lado oposto, procurar uma paisagem, um quadro na parede, mudando a forma de pensar, agir, sentir... Incrivelmente, esse hábito deu um resultado lindo, e por um motivo muito simples: quando fazia isso (o movimento/ação de olhar para um lado ou algo diferente) mudava aqueles pensamentos fixos, as imagens mentais negativas, e tudo mudava também.

A falar sobre isso agora, lembro-me do quanto esse movimento era difícil; às vezes, parecia ter uma força contrária imensa, tentando me impedir, mas eu conseguia. Hoje sei que é possível transformar pensamentos ou emoções negativas de forma a nos ajudar a atingir os nossos propósitos e até mudar um destino, com alegria e êxito. Ah! Antes que eu me esqueça, é importante falar que para tudo dar certo eu precisei **afiar uma ferramenta** que todos nós temos, uns mais, outros menos, e que sem ela é praticamente impossível realizarmos qualquer Propósito de Vida, ou outro qualquer: a **vontade**. Nesse caso, a de transformar a minha realidade interior, aquela dentro do meu coração. Sim, é preciso querer. E com essa "ferramenta eu aprendi que... *"só consigo transformar uma realidade externa se transformar a minha realidade interna através da minha própria vontade".*

Mas eu tive uma motivação muito especial para vencer a mim mesma e aos meus sabotadores internos, além de levar adiante o meu Propósito de Vida. Essa motivação foi perceber que a forma como eu caminhava (meus pensamentos e comportamentos, minhas atitudes, ações e palavras) deixava marcas por onde eu passava, nas pessoas, nos ambientes (todos nós deixamos, queiramos ou não) e que elas poderiam ser um contributo positivo, ou não, de acordo com o meu modo de caminhar. São as nossas "pegadas".

Ao aprender isso tornei-me mais responsável quanto ao que eu pensava, falava, sentia, fazia... e a esforçar-me ainda mais para mudar o que via que era preciso. Esse é um aprendizado e um hábito para a vida toda. A propósito, você já parou para observar quais são as suas pegadas e que elas podem interferir na atmosfera ao seu redor? Vamos refletir sobre isso caminhando juntos no próximo capítulo?

O pensamento africano é holístico. Como tal, ele reconhece a íntima interconectividade e, mais precisamente, a interdependência de tudo. De acordo com o ethos do ubuntu, uma pessoa não só é uma pessoa por meio de outras pessoas (isto é, da comunidade em sentido abrangente: os demais seres humanos assim como os ancestrais), mas uma pessoa é uma pessoa por meio de todos os seres do universo, incluindo a natureza e os seres não humanos.

Cuidar "do outro" (e, com isso, de si mesmo), portanto, também implica o cuidado para com a natureza (o meio ambiente) e os seres não humanos.

(Dirk Louw)[13]

---

[13] CONSÓRCIO UBUNTU, 2019, p. 86. Entrevista de Dirk Louw, "Ser por meio dos outros: o Ubuntu como cuidado e partilha".

2

AS MARCAS QUE DEIXAMOS PELOS CAMINHOS

Eu sou porque tu és; eu só sou Pessoa através das outras Pessoas.

(Princípio Ubuntu)

Outra coisa que passei a perceber é que, queiramos ou não, tenhamos um Propósito de Vida, conscientes ou não, deixamos as nossas pegadas por onde passamos, como se fossem um pouquinho de nós. Para mim, essas são as marcas que ficam tanto em nós mesmos quanto em outras pessoas e que resultam do que falamos, como, quando e para quem falamos; de como costumamos ser e agir, seja numa atividade profissional ou numa conversa informal.

Percebo essas marcas e o teor delas pelo que ouço das pessoas com quem convivi e convivo nos ambientes de trabalho e acadêmicos, na família e nos amigos. Aprendo muito com elas, são como um termômetro que me ajudam a regular as minhas atitudes e ações. Felicito-me com alguns resultados, como as transformações e realizações que vejo em antigos alunos, jovens com os quais trabalhei e com os quais ainda mantenho contato pelas redes sociais, que me enviam mensagens sobre o rumo que deram às suas vidas e para a realização dos seus sonhos. Para mim, isso não tem preço.

Mas o que é mais bonito é que tudo isso é fruto do aprendizado que fui e estou a construir, citado anteriormente, nas relações com outras pessoas, diante das lições da vida, das situações positivas (ou nem tanto) que encontrei, como as aproveitei, ultrapassei-as e segui o meu caminho.

Para mim, todas as situações com as quais nos deparamos na nossa trajetória sempre foram – e são – oportunidades para aprendizados e para a construção de quem queremos nos tornar. Se esses aprendizados e essa construção serão positivos ou nem tanto depende das nossas atitudes na caminhada da Vida, de como recebemos e o que fazemos com as experiências encontradas (a autora).

Esse é o pensamento que trago comigo desde muito tempo, e levo-o, sempre que é possível e o momento permita, para as conversas informais com amigos e colegas de trabalho, para atividades profissionais etc. É também mais uma daquelas bênçãos de Deus na minha vida, que ficaram como uma marca, como se fosse um fruto da criação centrada na existência de uma Força Maior que nos orienta e que, quando estamos abertos a entender e a aproveitar, dá-nos a oportunidade para aprender. Na verdade, isso se dá a partir do momento em que nascemos, neste mundo em que tudo está interligado.

Penso que este é grande Propósito da Vida: desde que entendemos que somos Criação Divina, que somos parte do Universo e que o ambiente em que vivemos é a oportunidade para evoluirmos e dar a nossa contribuição em favor do Todo, temos a chance de transformarmo-nos e ajudar a transformar este ambiente. Eu acredito plenamente nisso e é por isso que nascemos com os nossos talentos/dons (a autora).

Sei que não é fácil, nem entender, nem aproveitar experiências difíceis como aprendizados. Muitas vezes, é como se tivéssemos de entrar e atravessar por uma porta estreita, mas sei que é possível fazer isso, principalmente quando saímos da nossa pequena ilha, desafiamos e vencemos a nós mesmos, os nossos medos, os nossos comodismos, e outras coisinhas menos boas que carregamos dentro de nós.

Quando sentires medo do desconhecido, de algo que te atemoriza e limita a realização dos teus propósitos mais belos, lembra-te: o medo está com medo de ser abandonado por ti, então, abrace-o, acolha-o, compreenda os seus motivos e leve-o a passear contigo, seguindo confiante no teu caminho, e, assim, logo ele compreenderá o quanto é corajoso e seguirá o dele (O medo do medo – poema desta autora).[14]

---

[14] SANTOS. Livro De coração para coração: mensagens para aquecer a alma. (s/p), 2022. Disponível em: https://www.youtube.com/watch?v=F_YJubKEJv4&t=63s. Acesso em: 28 out. 2022.

Com esse pensamento e essa atitude, caminhei trabalhando e colocando em prática o meu Propósito de aprender sempre, seguindo as pegadas de outras pessoas que via como exemplos e inspiração. Entretanto percebia que começavam a surgir novos desafios e novas oportunidades de sair do meu lugar de conforto, como que a convidar-me a não estacionar no que havia conseguido realizar, apesar da paixão pelo trabalho que estava desenvolvendo na escola de Educação Profissional em que trabalhava e de sentir que estava cumprindo algo muito especial que trazia no coração.

Esse trabalho consistia desde a docência em Programas de Formação Profissional para jovens e para pessoas com deficiência intelectual, como a participação em diversas outras atividades e cursos da instituição; cursos para o meu desenvolvimento pessoal e profissional, e chances de participações em Congressos nacionais e internacionais, seminários etc.

Então decidi ouvir a voz interior, pois sentia-me como um pássaro que queria e precisava voar, respirar novos ares; sentia, muitas vezes, que estava acomodada e isso fazia-me mal. Era hora de ir adiante. O meu coração dizia-me que tinha concretizado o sonho que começou com aquela promessa da infância, mas o meu Propósito de Vida pedia movimento. Eu tinha outros sonhos a realizar e, para isso, era preciso desacomodar, enfrentar o desconhecido.

Quando você descobre sua natureza essencial, quando sabe quem realmente é, encontra toda a sua potencialidade. É no conhecer-se que reside a capacidade de realização de todos os sonhos, porque você mesmo representa toda a possibilidade eterna, a imensurável potencialidade de tudo o que foi e poderá vir a ser.

(Deepak Chopra)[15]

---

[15] CHOPRA, Deepak. *As sete leis espirituais do sucesso*: um guia prático para a realização dos seus sonhos. Rio de Janeiro: Best Seller, 1994. p. 8.

3

SONHO REALIZADO. POSSO DESCANSAR? DESCANSAR SIM, ACOMODAR-ME NUNCA!

Todos têm um propósito de vida... um dom singular ou um talento único para dar aos outros [...].

(Khalil Gibran)[16]

Acredito que estudar e trabalhar pela e para a Educação era e é o meu.

(a autora)

Parece que o coração sabe quando é a hora de retomarmos uma caminhada e não nos deixa acomodar. É isso que eu senti, pois, apesar da paixão por ensinar, por trabalhar com os jovens e com a Educação inclusiva (esta, um dos maiores benefícios e presentes que recebi de Deus na minha vida), apesar de gostar do trabalho junto à equipe da qual fazia parte, chegou um momento em que parecia que aquilo não fazia sentido. Sentia-me como um pássaro que queria voar, respirar novos ares; sentia, muitas vezes, que estava acomodada demais.

Sim, era hora de desacomodar, fechar aquele ciclo – que hoje sinto que foi um preparo para algo maior –, agradecendo por tudo o que havia recebido, e começar um novo, ou seja, recomeçar. Foi o que eu fiz, estou fazendo agora, e sou capaz de fazer novamente se sentir que é preciso.

Por isso a ideia de compartilhar aqui algumas das experiências vivenciadas nas "novas etapas de vida" que recomecei, desde o trabalho como docente que desenvolvi no Brasil até o ano de 2015, e depois como estudante em Portugal, país para onde me mudei

---

[16] CHOPRA, 1994, p. 80.

para cursar mestrado em Ciências da Educação e da Formação, na Universidade do Algarve, e, posteriormente, na cidade do Porto, onde moro desde 2020, para cursar o Programa Doutoral em Ciências da Educação, e de onde retomo a literatura e inicio uma nova carreira, agora como mediadora de palestras e workshops voltados para o desenvolvimento pessoal. Aqui, sinto que encontrei o meu lugar no mundo. Estou em casa.

Em Portugal, depois de vencer as adversidades que encontrei, principalmente de autoinclusão em um país estrangeiro com cultura e valores diferentes daqueles que aprendi no país em que nasci, o Brasil, posso dizer que tudo o que sonharmos e abraçarmos como e com um Propósito é possível desde que tenhamos fé, confiança em uma Força Maior, em nós, esperança e amor pelo que fazemos; desde que nos respeitemos e respeitemos a "casa que nos acolhe", seja um país, uma cidade, uma escola, uma universidade, assim como a todos e a todas que ali vivem e convivem.

Em toda essa trajetória, ter um "porquê" ou pelo quê caminhar, como escreveu Victor Franckl em seu livro *Em busca de sentido* (1946), também fez toda a diferença na minha vida, pois eu sabia por qual motivo estava onde estava e onde queria chegar. Acima de tudo, sentia que ia chegar. Precisei trabalhar muito e de diversas formas, dentro e fora de mim, para isso, mas consegui. Este foi e continua a ser um dos grandes aprendizados que recebi: o valor do trabalho por aquilo que queremos, por aquilo que buscamos, e como o fazemos. Assim pensando, cheguei neste momento que sinto como um dos mais bonitos e importantes da minha existência: estar no "lugar" em que tanto sonhei chegar, dentro e fora de mim.

Agora percebo o quanto aquela promessa, feita aos 8 anos de idade e que abracei com o meu sonho, como uma motivação para a minha vida diante da impossibilidade de estudar, coisa que queria tanto e acreditava ser o caminho para mudar a realidade em que vivia, foi e continua a ser importante, pois, muitas vezes, volto mentalmente a ela para não perder de vista "onde tudo começou".

Entretanto, agora, consciente da importância do que a motivou e a agradecer por todas as conquistas que dela vieram, retorno dessa "viagem mental" com o coração pleno de alegria e de paz, não apenas por saber e sentir que cumpri a promessa, mas, e sobretudo, por saber que ela já era parte de um Propósito maior, por ver seus frutos tanto na minha própria vida como na vida de outras pessoas, por meio das minhas atitudes e ações. Sinto uma gratidão imensa e incondicional por tudo e por todos que fizeram parte daquele momento da minha história.

Ali, diante do possível futuro que me era apresentado – capinar roças de café e outras tarefas desse tipo –, até não sabia quando, ao prometer-me "vou trabalhar e, quando puder, volto a estudar e terei um futuro melhor", eu não imaginava que começava a desacomodar--me, a mudar o meu destino, nem aonde ela me levaria. Começava a ter a oportunidade de transformar não apenas a minha realidade (interna e externa), mas, a partir das decisões que tomava, dos trabalhos que realizava e de como os realizava, contribuir para transformar a realidade e a vida de outras pessoas (principalmente, alunos/as), é claro, de acordo com os sonhos e a vontade de cada um/a.

Ao pensar nisso, lembro-me de uma frase da qual gosto muito, extraída de um texto do escritor Khalil Gibran, citado pelo médico e escritor indiano, Deepak Chopra, e colocada como epígrafe no início deste capítulo: *Todos têm um propósito de vida... um dom singular ou um talento único para dar aos outros* [...].[17]

Acredito que estudar e trabalhar pela e para a Educação era e é o meu.

Hoje, eu percebo que a partir daquela promessa, mesmo sem essa intenção, eu tinha um "por quê" que se tornou um Propósito de Vida, uma motivação que me guiou e guia-me até os dias de hoje, que não me deixa acomodar, no sentido de estacionar, e procuro colocar em prática o que acredito ser os talentos/dons que trago em mim. Ele foi e continua a ser o cerne de todas as minhas decisões.

E por falar em decisões...

---

[17] CHOPRA, 1994, p. 80.

Quando estamos cansados, confusos, sentimos que tiramos água do buraco que fazemos na areia, mas que há sempre mais, mais areia e mais água... É hora de parar a paixão por fazer e perguntarmo-nos mais sobre o Ser.

(Carmen Garcia)[18]

---

[18] GARCIA, Carmem. Abrindo caminhos. *In*: CONSÓRCIO "UBUNTU BUILDING BRIDGES FOR PEACE". *Construir pontes* - Ubuntu para uma liderança servidora *(pp. 11-18). 2019. ISBN 978-989-99993-4-3.* Disponível em: https://www.academialideresubuntu.org/pt/publicacoes/livro. Acesso em: 22 mar. 22.

4

A DECISÃO: RECOMEÇAR MAIS UMA VEZ

Quem tem um porquê enfrenta qualquer como.

(Victor Franckl, 1905-1997)

Seja o que for que queiramos fazer ou sonhamos, e até mesmo para viver, em lugar de apenas existir (aprendi que existir, tudo na natureza existe, porém, viver é decisão individual tão logo se tenha consciência de que se existe), **tomar uma decisão** comprometida, aquela que reflete dentro do coração e que motiva as ações para irmos adiante, eu diria que é a **primeira e mais importante atitude** que podemos ter e, ao mesmo tempo, uma das mais difíceis.

Penso que essa decisão, muitas vezes, é a causa de desistências, de adiamentos ou de fugas das buscas pela realização dos nossos sonhos e propósitos; nós nos desculpamos e nos justificamos por esse ou aquele motivo. Isso aconteceu comigo algumas vezes, principalmente depois de estar bem empregada; trabalhava em algo de que gostava muito, porém sentia que faltava alguma coisa.

Enquanto era criança, sonhando com o retorno à escola e em concretizar a promessa que tinha feito a mim mesma, tudo era mais fácil, mas depois que tinha dado todos aqueles passos, conquistado coisas como independência financeira, liberdade de ir e vir aonde eu quisesse e planejasse, reconhecimento do meu trabalho, entre outras, a ideia de deixar tudo e recomeçar era mais difícil; as dúvidas apareciam constantemente e a coragem não parecia tão motivadora.

Entretanto, nessa época, queria e sentia que precisava dar um passo adiante; sair da minha "aparente" acomodação e buscar novos desafios, até mesmo como motivação pessoal, profissional. Por isso acredito que pensamos ou sentimos a necessidade de recomeçar alguma coisa todas as vezes que aquilo que estamos fazendo ou a experiência que estamos vivenciando não faz mais sentido, não está a dar certo, traz mais dúvidas e/ou tristezas do que alegrias. Também digo que, nesses momentos, devemos tomar o cuidado para não sermos egoístas, ingratos, pensar somente em nós, no nosso bem-estar e na nossa felicidade.

Eu sempre pensei nessas coisas antes de dar um novo passo. Mesmo morando sozinha e em uma cidade longe da minha família, pensava nela, em como ficariam; pensava nas pessoas que trabalhavam comigo, na empresa que me empregava, nos trabalhos voluntários que fazia, e procurava organizar-me, antecipadamente, para que aquilo que eu sentia como a minha responsabilidade ficasse encaminhado ou resolvido. Mas era preciso ter coragem para recomeçar mais uma vez!

Isso mesmo, recomeçar como eu já havia feito antes, no ano de 1981, quando decidi enfrentar todos os contras que tinha e voltar para a escola, recomeçando na 2ª série primária. Só que então era diferente, eu já tinha sentido o sabor da segurança e dos benefícios que um emprego fixo traz, mesmo que, em inúmeros dias, não tivesse a vontade de levantar-me para ir trabalhar (queria dormir eternamente).

E não teve jeito. Chegou uma hora em que o valor da Vida falou mais alto e decidi deixar tudo: emprego maravilhoso, mas no qual não me encontrava, em que não via sentido, e fazer uma mudança imensa, que significava começar uma nova etapa voltando a estudar, aos 50 anos, em outro país; trabalhar no que aparecesse e/ou conseguisse, desde que fosse algo digno. Sim, decidi recomeçar mais uma vez.

> *Eu acredito que não existem pessoas velhas, existem pessoas que nasceram antes de outra; nem idade para recomeçar alguma coisa ou começar uma vida nova. Para isso eu acredito que existem vontade, determinação, fé e propósitos. (a autora)*

Sobre a atitude de **recomeçar**, não é nova a ideia que diz que, sem dar conta ou mesmo sem parar para refletir a seu respeito, a grande maioria das pessoas faz todos os dias ao acordar, ao começar um novo dia. Eu também penso como muita gente, que essa é uma das maiores oportunidades, na verdade, *um presente de Deus*, para repensarmos ou refazermos os nossos caminhos, nossas ações e atitudes, até mesmo crenças e julgamentos sobre nós e/ou outras pessoas ou coisas.

Aqui, cabe a cada um/uma refletir e ver o que precisa ou se acha que precisa melhorar, mudar... Mas creio que o mais importante é a disposição com a qual se toma essa decisão, o que de facto a motiva, o propósito que a envolve, pois, como diz a epígrafe, se não for assim, se não existir um "porquê", se faltar combustíveis como a fé, a coragem, a força de vontade, a esperança, a confiança... esse recomeço pode tornar-se um problema maior, fazer com que a pessoa sinta-se como um barco perdido no mar sem um farol que a guie.

Sim, para recomeçar, ou começar novamente, seja o que for, e, principalmente, uma nova etapa de vida, é preciso esses e muitos outros combustíveis para manter acesa a chama da automotivação, da certeza de que tudo ocorrerá para o melhor, mesmo que apareçam as adversidades. E, acreditem, elas aparecerão de todas as formas, de todas as cores, de todos os tamanhos e modelos, dentro e fora da pessoa, como costumo dizer; mas, diante e acima delas, há algo muito maior, falando constantemente nos ouvidos da alma:

> *Vá em frente, continue, pois a vitória é certa para aqueles que acreditam, que confiam e trabalham com dignidade e amor pelos seus Propósitos.*

(a autora)

Afinal, como diz aquele antigo ensinamento: se Deus é por nós, quem ou o quê, além de nós mesmos/as, poderá ser contra nós?

Aqui, alguém deve estar se questionando: com esses pensamentos as dúvidas desaparecerão? Não, com certeza, afirmo que não, principalmente enquanto não vermos algo concreto (isso aconteceu muito comigo) ou deixarmos que o medo do novo, do desafio, fale mais alto. Inúmeras vezes fiz-me essa pergunta e, da mesma forma, tive dificuldades para encontrar as respostas que precisava ou queria, pois, quase sempre, procurava-as fora de mim. E quando se trata de recomeçar um caminho, é claro que encontrava todos os motivos justificáveis para reacomodar-me e esperar mais um pouco.

Graças a Deus nunca fui de desistir de alguma coisa. Aliás, a palavra desistir não fazia – e penso que ainda não faz – parte do meu dicionário. No fim, encontrava as respostas dentro de mim ou nas palavras de alguém, que me tocavam-me o coração numa mensagem... Prefiro sempre acreditar nesta frase:

> *Há um tempo certo para a realização de qualquer coisa que estamos buscando. Se não está favorável agora, com certeza, a realização será mais adiante e logo chegará, se não desistirmos.*

Assim, eu pensava positivamente e procurava ter paciência e esperar o que imaginava ser o momento propício para pôr a decisão de recomeçar uma vida nova em prática. Essa frase é minha, mas a ideia do tempo e de esperar não é nova, peguei-a emprestada de um sábio mestre que passou pela Terra há mais de dois mil anos.

Pensar assim também me ajudou muito. Lembro-me de que desde criança, apesar dos meios e das condições socioeconômicas em que nasci (talvez por isso mesmo), sempre soube o que queria para a minha vida: estudar sem limite para parar e que, para essa realização, precisaria pensar e agir positivamente, esperar, ter paciência... Mas tinha plena convicção de que conseguiria alcançar o que queria. Era (e ainda sou) daquelas pessoas sonhadoras que se veem realizando seus sonhos. Hoje sei que isso é transpor "mentalmente" o tempo, uma estratégia maravilhosa para as realizações que buscamos.

Porém eu também sabia que deveria tomar algumas decisões importantes, como deixar a casa dos meus pais, pois no lugar e nas condições de trabalho em que vivíamos era praticamente impossível realizar um sonho como o meu, ou seja, teria de recomeçar em outro lugar. Aqui é importante ficar claro que nem todo mundo precisa deixar a sua casa para realizar um sonho e que um Propósito de Vida pode ser realizado em qualquer lugar, por qualquer pessoa. Eu o fiz para ir em busca de melhores condições de vida, de trabalho e de estudo, e por acreditar que era possível. Aliás, essa era e é uma característica pessoal minha.

Desde sempre *acreditei no "amanhã" melhor, quando sentia que algo não estava bem, mas que, para construí-lo, devemos lutar por ele no agora, enfrentando a nós mesmos e recomeçando algo novo se preciso for.* Assim, fazia o melhor que podia onde eu estivesse e trabalhos que realizasse. Esta era uma das minhas formas de acreditar: começar pelas minhas próprias ações fazendo o melhor, mesmo que aquele trabalho não fosse, ainda, o que eu almejava para a minha vida. Acredito que essa é uma ou a melhor forma de agradecer ao Criador, ao Universo, pelo que já temos, prepararmo-nos para receber o que queremos e para as dádivas que estão a caminho.

Outra coisa que hoje eu sei, que foi (e é) importante, foi ter a predisposição para abrir mão de coisas que considerava menos importantes (em especial, materiais) e fazer transformações na minha casa interna, na casa dos sentimentos, por exemplo. Hoje percebo que a "casa" dos pais, que deixei, não foi apenas a sua residência/imóvel, mas a forma de eles pensarem, de agirem, de ser, além de alguns sentimentos que carregamos como nossos que, na verdade, vêm de muito mais longe, como uma herança cultural/familiar. O momento da minha mudança de casa foi também a tomada de decisão e a predisposição para transformar as minhas "casas mental e emocional" e construir um "eu" com o qual eu me identificasse, com novos hábitos.

Hoje eu sei que essa é uma das etapas na busca e na realização de qualquer coisa que queiramos, além da fé e da confiança em Deus ou Algo Maior, como for da crença de cada um. Aprendi também que, além disso, está a confiança na própria força interior e na ajuda de outras pessoas, pois dificilmente alguém consegue construir alguma coisa e/ou construir-se, desenvolver-se, como pessoa humanizada, sozinho/a, como ensinado na filosofia africana Ubuntu: *"Eu sou porque tu és; eu só sou Pessoa através das outras Pessoas"* (Princípio da Filosofia africana Ubuntu).[19]

A própria vida é-nos ofertada para vivermos em coletividade, a começar por uma família.

Um dos bonitos aprendizados colhidos na minha trajetória, que percebo neste momento, é que em todas as realizações, de facto, transformadoras, estiveram envolvidas pessoas de mentalidade negativa e/ou situações que me "incentivavam" a desistir dos meus sonhos, do propósito que trazia no coração e que sempre me guiou, tentando "forçar-me" a tomar uma decisão, sair da acomodação em que aparentemente me encontrava e "lutar para ir adiante ou fugir". Principalmente as pessoas, com o seu jeito de ser, pensar e agir, foram peças-chave nesses momentos. Eu sempre decidi ir adiante,

---

[19] CONSÓRCIO UBUNTU, 2019, p. 5.

lutar pelo que acreditava. Hoje, ao olhar para trás, considero-as verdadeiros instrumentos divinos, enviadas pelo Universo a meu favor.

Sou imensamente grata a cada uma daquelas pessoas, mas, para sentir o que sinto hoje, foi preciso eu decidir recomeçar; primeiro, de uma forma simples, por exemplo, como quem recebe um novo dia como uma dádiva Divina, convidando a dar um novo passo; depois, como escrevi no início, **tomando uma decisão e comprometendo-me com ela**, acreditando que não estava só.

Aprendi que esse pensamento ou sentimento acontece quando nos separamos mental e emocionalmente do Todo, do qual somos parte importante, assim como tudo e todos com o que/quem convivemos no Universo. Fui aprendendo a confiar nas minhas intuições e capacidades, nas pessoas de mente positiva que iam surgindo pelo caminho, como que para apoiarem-me no que eu estava fazendo e para que eu tivesse a confiança de que tudo daria certo. E ouvir o meu coração e acreditar e esperar que o que não recebia quando queria (ou precisava) estava a caminho foi outra vitória.

Na minha caminhada apareceram aqueles/as que eu chamo de "anjos enviados por Deus", pessoas conhecidas e desconhecidas, com atitudes e ações das mais diversas, algumas das quais descrevo mais adiante, no capítulo 2, item Fé. Assim, conheci o poder da decisão de recomeçar, a força que é possível reunirmos dentro e fora de nós quando decidimos colocar alguma coisa em prática e comprometermo-nos com ela.

Aprendi a perceber, a receber e a agradecer por cada conquista, por mais pequena e insignificante que parecesse, e construí a minha História. Reforcei crenças sadias e valores, os quais dei um pouco a conhecer no livro *Uma história de sucessos: experiências e valores construídos na concretização de um projeto de vida*, publicado na primavera brasileira de 2010 já citado aqui.

Outro aprendizado valioso foi (e continua a ser) habituar-me a pensar positivamente, agora conscientemente, de por que agia assim; ver as coisas sob outra ótica quando era/é preciso; rever autoconceitos e preconceitos; desenvolver outros pensamentos e comportamentos que, de alguma forma, carrego-os comigo como princípios em minhas ações diárias, nos trabalhos que realizo, escrevendo sobre eles, para que possam contribuir com a construção de outras histórias tanto quanto for possível.

Exemplos desses princípios? Ter a intenção de que o meu Propósito possa trazer benefícios para outras pessoas e não seja só para interesse e benefício próprio; exercitar a força de vontade, a fé, a coragem e outras atitudes importantes a fim de alcançá-lo. Como? Caminhe comigo, vamos adiante.

O garimpeiro vai à mina em busca de ouro, mas muitas vezes sai de lá com algo bem mais precioso: o sentido do esforço, do trabalho, do silêncio, da solidão. O sentido da própria existência como exercício da vontade do amor e da persistência.

(Carlos Hilsdorf)[20]

Penso que assim somos nós quando abraçamos um Propósito maior e caminhamos em busca da sua realização. Os aprendizados que construímos são o nosso ouro mais precioso.

(a autora)

---

[20] SANTOS, 2010, p. 91.

5

PROPÓSITO, FORÇA DE VONTADE, FÉ: ELEMENTOS PRIMORDIAIS PARA A CAMINHADA DA VIDA

Um coração preenchido por um Propósito, força de vontade e fé, tem confiança de que o Sol, mesmo em um dia chuvoso, continua a sua caminhada lá no céu, acima das nuvens, pois sabe que estas, em algum momento, dissipar-se-ão e ele estará pronto para cumprir a sua missão: brilhar e aquecer a vida na Terra.

(a autora)

Sempre acreditei na ideia de que para que a caminhada nesta vida não seja sentida como um peso, ou até como um castigo, como já ouvi algumas pessoas dizerem (e confesso, em alguns momentos cheguei a pensar assim também), é importante ter um **propósito**, que pode ser um talento colocado ou a colocar em prática, **um sonho** que se queira alcançar, algo que o indivíduo carregue no coração como se fosse um tesouro, rumo a um porto seguro em que quer chegar.

Da forma como entendo e acredito, esse propósito ou sonho é o que dá a força e a coragem necessárias, a motivação para a caminhada, fazendo com que ela tenha sentido e a pessoa atravesse e supere as diversas experiências que encontra pelo caminho, mesmo aquelas aparentemente intransponíveis.

Para falar de um dos principais alimentos que, creio, move o indivíduo em um empreendimento assim, eu trago a **força de vontade**, aquela que defino como sendo a roda d'água que vai impulsioná-lo rumo às suas conquistas mais íntimas, dentro e fora de si. É ela que vai fazer a diferença nos momentos em que surgirem as dúvidas quanto à vitória, quando aparecerem sentimentos menos inspiradores e desmotivadores, como o desânimo, a falta de entusiasmo e o cansaço físico, elementos que, muitas vezes, são as causas da desistência de si mesmo, de um sonho, de um propósito, seja ele qual for.

Nessa hora, é a vontade pessoal, aquela força do mais profundo do ser que, como uma mola propulsora, vai dar ou fazer renascer o ânimo e tudo mais que for preciso para continuar o caminho.

Como o alimento que nutre a certeza da conquista daquilo que se sonha ou a que se propõe realizar, que sustenta a energia certa para girar a "roda d'água" descrita no parágrafo anterior, eu trago a **fé**. Não um sentimento qualquer, mas aquele que foi ensinado e exemplificado há muito tempo, há mais de dois milénios, pelo Mestre dos mestres, e que é capaz de remover qualquer obstáculo encontrado dentro ou fora da pessoa, plantar a esperança ativa em seu coração e impulsioná-la para a frente. A fé, como um alimento da alma, é capaz de trazer uma confiança inabalável, fortalecendo as esperanças, a coragem, a determinação, fazendo com que a criatura avance dignamente, a vencer primeiro a si mesma (mesmo sem, muitas vezes, ter essa intenção ou percepção), na certeza da conquista que almeja.

Nos próximos capítulos pretendo falar sobre o Propósito, a intenção, ou outro nome que a pessoa dê para aquilo que motiva a sua caminhada existencial, a força de vontade e a fé, com o objetivo de dar uma contribuição, por mais pequena que seja, para aquelas pessoas que, assim como eu, estão navegando pelos mares da vida e que, independentemente de carregarem, conscientemente ou não, na mente e no coração, algo que as orientem e as motivem a levantarem-se todos os dias, sabem que, lá no fundo, há alguma coisa muito especial no que fazem ou querem alcançar.

Assim, vamos em frente, conhecer como ou onde pode começar um Propósito de Vida. Boa viagem e que bons ventos nos levem.

Dizem que não viemos a este mundo a passeio e eu acredito nisto, mas também acredito que, mesmo sendo assim, podemos fazer desta vinda uma caminhada alegre, divertida e significativa se tivermos um Propósito de Vida pelo qual caminhamos, inclusive, passeando.

(a autora)

6

O NASCIMENTO DE UM PROPÓSITO DE VIDA: TUDO PODE COMEÇAR COM UM SONHO

Quando você faz uma escolha você muda o futuro.

(Deepak Chopra)

O primeiro elemento que trago aqui, que acredito ser primordial para a caminhada, ou a trajetória chamada vida, é o Propósito. Faço isso depois de perceber tudo o que aprendi e que estou a aprender, leva-me a sentir que a vida seria muito mais difícil se eu não tivesse algo guardado no mais profundo do meu coração, que me orientasse e motivasse as minhas escolhas e decisões em qualquer área da vida.

Importante deixar claro que esse motivo não é um objetivo qualquer, temporal, que uma pessoa queira alcançar, por mais elevado ou simples que seja, mas um "por que" atemporal (sem um tempo determinado para acabar), estável, ou, no pensamento do autor do livro *Ikigai*, Ken Mogi, uma *"razão"* de *"viver"*,[21] tão especial que a faça ter vontade de acordar, de levantar-se todos os dias, independentemente de circunstâncias de vida, e sentir-se feliz ao fazer algo que traga satisfação e alegria para outras pessoas.

Hoje, olhando para a minha trajetória, percebo que desde muito criança tinha algo que me motivava assim, mesmo que ainda fosse só um sonho; que me ajudava a acordar, a levantar-me, a encarar qualquer adversidade que encontrasse pela frente (como tantas que encontrei) e, como escreveu sabiamente o escritor e um dos sobreviventes dos campos de concentração de Auschwitz, Viktor Emil Frankl, mencionado anteriormente, conseguir ver-me fazendo e vivendo tudo aquilo que eu queria para o meu futuro.

---

[21] MOGI, K. *Ikigai*: os cinco passos para encontrar seu propósito de vida e ser mais feliz. Bauru, SP: Alto Astral, 2018. s/p.

Sobre a importância desse algo, que hoje sei que é conhecido como um Propósito de Vida, o escritor Rick Warren diz que

"Conhecer o propósito de sua vida faz com que ela tenha sentido [...] você pode suportar quase tudo; sem isso, tudo é insuportável".[22]

Eu concordo plenamente com ele, pois é o facto de ter um Propósito que me orienta em praticamente tudo o que vivo, interferindo positivamente no como vivo, o qual reconheço agora. E mesmo antes de reconhecê-lo, ajudou-me a saber o que eu queria para a minha existência, deu-me forças para nunca desistir no meio do caminho e seguir em frente, mesmo nos momentos de maiores dificuldades, fez-me suportar as adversidades que encontrei. Pensando nisso, sim, ele fez e faz com que a minha vida tenha sentido.

Para além disso, nas horas em que pensava em por que estava onde estava e onde eu queria chegar, sentia algo como um estímulo, uma alegria, de quem já se sabia um vencedor/vencedora. Sem dúvida – e falo isso por experiência própria –, ele, o Propósito, torna a vida muito mais significativa. Hoje, olhando para casos de pessoas que desistem da vida (sem julgamentos e com a consciência de que não tenho esse direito nem quero fazer isso), tenho plena certeza de que, em momentos cruciais e de dificuldades extremas que atravessei na minha caminhada, foi o facto de ter este "algo" dentro do meu coração, o seu **Poder**, a certeza de que era guiada por ele, que me fez ir adiante. Quando vejo noticias sobre casos de desistências de sonhos; da vida, as quais muito me entristecem, sinto uma gratidão imensa a Deus, ao meu Propósito, a todas as pessoas que me estenderam a mão, e a mim mesma, pela minha coragem, pela minha força de vontade e pelos sonhos que aqueciam (e aquecem) a minha alma, estes últimos, os sonhos, a base fundamental para a manutenção da vida e para o encontro de um Propósito.

Mas, afinal, o que é um Propósito de Vida?

Muito se tem escrito e falado sobre esse assunto. Aqui, entre tantos, vou ter como base o que li, estudei e que me ajudou a entender o que o propósito de vida é.

---

[22] WARREN, Rick. *Uma vida com propósitos*. São Paulo: Vida, 2003, (PDF), s/p. Disponível em: https://tesouroemvasodebarro.files.wordpress.com/2013/12/uma-vida-com-propc3b3sitos-rick-warren.pdf. Acesso em: 31 jan. 2022.

Nas minhas buscas para entender, percebi que de forma muito simplista, é o "porquê" a razão pela qual fazemos ou queremos fazer algo; um motivo forte que não se dilui com o tempo ou muda devido a qualquer circunstância que atravessamos. Da forma como entendo, o Propósito de Vida é o que motiva, que está na base de tudo isso, e não precisa estar ligado diretamente a uma determinada profissão; por exemplo, no caso de alguém que queira formar-se professor/a, isso é um objetivo, mas o "porquê" quer ser, o que motiva a sua vontade para **ser**, é o Propósito, é o que vai dar sentido para a sua vida, o que fizer na sua profissão, assim como para todas as outras experiências existenciais. No meu entendimento, esse sentido para a existência é o principal "propósito" do Propósito de Vida.

Outra forma de identificar um Propósito de Vida que achei interessante foi esta trazida pela pesquisadora Carolina Shinoda, em um trabalho desenvolvido com universitários:

> *Não é um objetivo de curto prazo, como entrar na faculdade, encontrar um parceiro ou conseguir um trabalho. O Propósito de Vida é uma intenção estável e generalizada de alcançar algo que é, ao mesmo tempo, significativo para o eu e gera consequências no mundo além do eu.*[23]

Aqui, fica claro que em um Propósito de Vida não cabe o egoísmo, pensar e olhar somente para o próprio umbigo. Muito pelo contrário, é algo que seja significativamente especial para quem o tem, que traga satisfação, bem-estar, prazer, alegrias para a vida, e que leva a pessoa a agir pensando no outro/a, no sentido de, da forma como lhe for possível, proporcionar essas coisas também para outras pessoas. Isso pode, ou não, acontecer dentro da profissão abraçada, ou seja, ter, vivenciar, um Propósito de Vida, assim como no *"Ikigai"* encontrado na cultura japonesa, *"é possível sem que você seja necessariamente bem-sucedido na vida profissional"*[24]).

Como também escrevi na obra *Uma história de sucessos: experiências e valores construídos na concretização de um projeto de vida* em relação à nossa existência, eu vejo como se fôssemos o condutor

---

[23] SHINODA, Ana Carolina Messias. *Desenvolvimento do propósito de vida de estudantes no ensino superior de Administração.* Tese (PhD em Ciências) – Universidade de São Paulo, São Paulo, 2019. https://doi.org/10.11606/T.12.2020.tde-06022020-174305. Acesso em: 18 maio 2022. p. 22.

[24] MOGI, 2018, s/p.

de um barco a navegar no meio do oceano, sendo o barco a vida e o oceano o mundo, com todas as adversidades, as possibilidades e as oportunidades que cruzarem o caminho do navegador, no caso, nós. Nesse sentido, o Propósito de Vida seria o **combustível** que alimenta o motor e conduz o barco para o porto em que se quer chegar, fazendo o marinheiro vitorioso, apesar das surpresas da viagem, das mudanças das marés, da altura das ondas, da intensidade dos ventos.

Assim pensando, também vejo um Propósito de Vida como o combustível que alimenta uma transformação interna, mesmo que ela não seja intencional, mas sem a qual a "chegada ao porto desejado" não seria possível. Digo isso por mim mesma, pois o meu sonho, inicialmente, era estudar, transformar a realidade socioeconômica em que vivia, mas nessa busca, a primeira transformação foi no meu interior. Tudo aconteceu de dentro para fora, ou seja, precisei mudar muita coisa dentro de mim para mudar fora de mim (e ainda faço isso). Enfim, penso que o mais importante não é essa ou aquela definição do termo; é que se tenha um "porquê", uma razão de viver, para, então, descobrir onde, por onde começar e onde se que chegar. Por isso é sempre preciso ter em mente, como diz o Cardeal Arcebispo de Buenos Aires, interpretado pelo ator Jonathan Price no filme *Two popes* (*Dois papas*) (2019), que "qualquer travessia, por mais larga que seja, sempre começa em algum lugar [...]".

Eu penso que esse "lugar" não precisa ser apenas geográfico, pode também ser algo pessoal, que se queira **ser**, dentro ou fora de si, capaz de guiar os passos e as ações da pessoa, que tenha o poder de fazê-la viver uma vida com sentido, encontrar esse sentido nas experiências que a vida lhe ofertar e a ajudá-la em sua transformação para tornar-se um humano melhor. E digo, ainda, que cada pessoa pode dar o nome que achar apropriado.

Inicialmente, eu chamava de sonho, pois, para mim, era um misto de imaginação cheia de esperanças, representado em algo que eu queria alcançar, ser, como se já fosse real, e eu sentia a alegria do momento daquela realização; inclusive, era capaz de sentir emoções que me faziam encher os olhos de lágrimas de tanta felicidade. Depois, esse sonho transformou-se em algo maior, que já não incluía somente a minha alegria ou a transformação da minha realidade, mas uma vontade imensa de ajudar outras pessoas nas realizações dos seus sonhos, a transformar suas realidades.

Meu sonho transformou-se no meu Propósito de Vida, algo que motivou (e motiva até hoje) uma decisão comprometida, tomada conscientemente, de fazer algo em favor de outras pessoas, em que eu e os meus interesses já não somos o centro. Não quer dizer que não sejamos importantes, fazemos parte dele ao mesmo tempo em que fazer o melhor para e pelo outro também faz. Assim, a partir do sonho de estudar, o meu Propósito tornou-se esforçar-me o quanto for preciso para trabalhar por uma Educação que ajude no desenvolvimento interior e na transformação da vida das pessoas em todos os sentidos.

Sei que aos olhos de quem não tem um "porquê" lutar, trabalhar, acreditar, isso pode parecer estranho, porém, para mim, sempre foi a base para iniciar coisas novas, recomeçar (se fosse preciso) e ir adiante na minha trajetória. Mesmo, e principalmente, nos momentos mais complicados, sempre foram, e ainda são, o meu Propósito de Vida e outros sonhos que foram nascendo pelo caminho, coisas que quero realizar, que me dão força, motivação e coragem para superá--los e continuar a caminhada. Por isso também gosto desta citação do escritor Fernando Pessoa, que está em *Livro do desassossego*, de Bernardo Soares, um dos heterônimos do grande poeta português:

Matar o sonho é matarmo-nos. É mutilar a nossa alma. O sonho é o que temos de realmente nosso, de impenetravelmente e inexpugnavelmente nosso.

O Universo, a Vida – seja isso real ou ilusão – é de todos, todos podem ver o que eu vejo e possuir o que eu possuo – ou, pelo menos, pode conceber-se vendo-o e possuindo e isso é.

Mas o que eu sonho ninguém pode ver senão eu, ninguém a não ser eu pode possuir. [...].[25]

Eu penso que, pelo facto de algumas pessoas sentirem-se frustradas em relação aos seus sonhos, por não reconhecerem

---

[25] PESSOA, Fernando, Livro do Desassossego por Bernardo Soares, pref. org. António Quadros, Lisboa: Publicações Europa-América. 1986. p. 286.

em si um Propósito que as ajude a fazer qualquer coisa por prazer, por terem perdido a esperança devido a esse ou aquele motivo, por não acreditarem em algo que queiram realizar e que é possível, podem ter dificuldades para entender e aceitar que outras pessoas o façam, sobretudo quando é alguém que está sob a sua tutela, sob o seu comando. Esse é só um pensamento meu, e não é por acaso.

Se aquele que tem um Propósito de Vida não acreditar nele mesmo, se não tiver a certeza da sua realização e trabalhar para isso, pode correr o risco de, como disse a citação, matá-lo, desistir, ainda mais quando encontrar uma daquelas pessoas que o puxe para baixo, que não acredite nele. E quando isso acontece... meu Deus, eu nem gosto de imaginar.

Eu digo isso por experiência própria. Desde a minha infância até a vida adulta passei por momentos assim, entretanto, em todas as vezes, apesar de em algum momento mais difícil eu ter tido vontade de desistir, o facto de trazer no coração algo muito importante para mim, que queria e sentia que iria realizar, fez-me dar a volta por cima e ir adiante. Por isso concordo com a citação do escritor Fernando Pessoa quando diz sobre mantermos os nossos sonhos, que são nossos, pois só nós conseguimos vê-los, senti-los, como algo real.

E para quem ainda não conseguiu identificar em si um Propósito de Vida, algo que faça a sua alma querer cantar mais alto quando tudo ao redor convidar ao silêncio e ao desânimo, que motive a agradecer pela chuva do mesmo jeito que agradece pelo Sol, a ser grato/a pelo calor como se é pelo frio, a agradecer pela escassez que ensina a ser mais comedido/a, cuidadoso/a, esperançoso/a... São tantos os benefícios... Para quem não sabe por onde começar a buscar esse "algo", continue comigo, vamos conversar sobre isso.

Caminhante, são teus passos

O caminho e nada mais;

Caminhante, não há caminho,

Faz-se caminho ao andar.

Ao andar se faz caminho

e ao voltar a vista atrás

se vê a senda que nunca se voltará a pisar.

Caminhante, não há caminho,

Mas sulcos de escuma ao mar.

(António Machado)[26]

---

[26] Poema: "Caminhante" – Poeta espanhol, António Machado (1875-1939).

7

E PARA QUEM NÃO TEM UM PROPÓSITO DE VIDA NEM SABE POR ONDE COMEÇAR?

No caso de qualquer dúvida, siga o seu coração.

(a autora)

Nesse caso, sugiro seguir o coração, a intuição; olhar dentro do coração e sentir o que o/a motiva a acordar, a levantar, a fazer o trabalho ou estudo que faz... Pode também olhar lá para a infância e "ver" o que mais queria ser (isso pode ajudar); conhecer os próprios talentos e encontrar um meio de colocá-los em prática; olhar ao seu redor e reconhecer algo em que poderia dedicar-se e fazer a diferença na vida de outras pessoas. Pensar o que o/a faria feliz, o que *"faria a alma brilhar"*, como dito pela Rose (Cristine Baranski) para a jovem Sophie (Amanda Seyfried) no filme *Mamma Mia! Here we go again* (2018); essa é uma ótima opção, apesar de sair de uma ficção. Eu reconheci o meu Propósito de Vida a partir de um trabalho voluntário com crianças e a minha alma brilha até hoje quando penso nele.

Como aprendi em outro filme, *Gifted hands: the Ben Carson story* (sou amante desse gênero da arte), que conta a história da vida do médico neurocirurgião Ben Carson, às vezes, só é preciso *"enxergar além do que vê"*, pois tudo já está dentro de nós, está encaminhado ou acontecendo por meio das coisas que fazemos no dia a dia e não percebemos, porque nunca pensamos nisso como o nosso propósito, nunca pensamos por qual motivo faríamos tal trabalho ou se ele tem a ver com o nosso dom (talento, aquilo que faz bem, com que se sente bem).

Incrivelmente, isso aconteceu agora comigo em relação à literatura, atividade que abracei como carreira profissional, ligando-a à Educação/desenvolvimento pessoal. Desde criança eu amo escrever. Sempre tive e tenho facilidades para criar, organizar ideias, desenvolver um texto a partir de qualquer tema, e sei sobre o que gosto de escrever (tenho um foco que é nítido em todos os meus livros). Entretanto, e até por, antes, não acreditar que poderia viver (sustentar-me financeiramente) de um trabalho como esse, ou mesmo tê-lo como um hobby, mesmo tendo publicado dois livros, nunca havia olhado para isso como algo para fazer na minha vida, intencionalmente, no sentido de ajudar outras pessoas; algo que pudesse entregar ao mundo como um presente meu (ideia do poeta Kalil Gibran citado nesta obra). Eu não via a literatura, o que eu escrevia, como uma forma de atuar na Educação, que era e é o meu Propósito de Vida e a minha grande paixão.

Assim, quando fui escolher o que iria estudar na universidade, "deixei esquecido" esse dom, só olhando para ele agora, e depois desenvolver um novo olhar para minha área de atuação e para uma vontade imensa que tinha de escrever coisas que o meu coração estava a dizer. Com essas atitudes, vi que eu não me afastara do propósito assumido, tantas vezes citado anteriormente, nem do trabalho educacional que tanto amo e no qual vejo significados transformadores.

Sim, por meio da literatura e do que eu escrevo eu continuava a trabalhar na e para a Educação, com o mesmo pensamento já citado: ajudar a transformar vidas, partilhar o que aprendi e que estou a aprender, porém não apenas como docente em uma sala de aula, mas como escritora, mediadora e palestrante motivacional, cuja intenção é o desenvolvimento pessoal mais espiritualizado e com foco em uma vida significativa e pessoa melhor. Isso trouxe--me imensa paz, alegria e gratidão a Deus e ao Universo, por todas essas autodescobertas que sinto e recebo como dádivas e, principalmente, pelo encontro e pela construção de um novo caminho pessoal e profissional.

Uma crença que trago comigo é que, para fazer sentido, os nossos sonhos/propósito estão ou devem estar ligados aos talentos, aos dons que trazemos para esta vida, como um farol interno a guiar-nos nas escolhas, nos caminhos. Também acredito que reconhecer a existência desses dons em nós e saber identificá-los é uma oportunidade para percebermos no que podemos ser úteis e satisfeitos/realizados ao mesmo tempo, para além de fazermos bom uso das maravilhosas riquezas internas, tanto quanto das externas, que temos.

Sobre essa ideia de colocarmos o talento que trazemos conosco a serviço de um Propósito maior, recordo-me de uma frase do belíssimo filme-ficção dirigido por Martin Scorsese, *Hugo* (GB/EUA) (2011), ou *A invenção de Hugo Cabret, ou A invenção de Hugo* (este último, o título apresentado em Portugal). No filme, o jovem órfão Hugo Cabret, interpretado pelo ator Asa Butterfield, em um diálogo com a sua amiga Isabelle, vivida pela atriz Chloe Moretz, na torre do relógio da estação de comboios de Paris, onde ele morava, explica o motivo pelo qual queria tanto consertar o robô deixado por seu pai. O menino acreditava que ele trazia uma mensagem, que cabia a ele descobrir qual era, e esse seria o seu propósito no mundo, para o qual usava as habilidades de consertar relógios e, no caso, o robô. Diz Hugo:

> Gosto de imaginar que o mundo é uma grande máquina. Você sabe, máquinas nunca têm partes extras. Elas têm o número e o tipo exato das partes que precisam. Então imagino que se o mundo é uma grande máquina, eu também estou nele por algum motivo.

E estava. Ele ajuda um senhor, ícone do início do cinema, a reencontrar a alegria, o gosto e o sentido pela vida, retomando a sua paixão pelos filmes. Hugo estava certo.

Assim, se você não tem um Propósito que dê sentido para a sua vida; que te motive e guie as tuas ações, seus sonhos, faça perguntas a si mesmo, do tipo:

- Que dom, talentos, eu tenho que posso colocar em prática e oferecer ao mundo, seja ele perto ou longe de mim?

- Que contribuição eu poderia dar para a Vida, que me deixaria feliz?

- Do que eu gosto ou o que sinto-me bem em fazer?

Acredito que já disse, mas nunca é demais repetir que um Propósito de Vida pode ser algo colocado em prática em uma profissão, num hobby, num trabalho voluntário comprometido... O importante é que ele traga bem-estar, alegria, entusiamo, motivação e sentido para a vida da pessoa e que possa contribuir positivamente para a vida de outras.

Outra coisa que acredito ser importante falar é que cada pessoa deve trabalhar em e com todos os sentidos, dentro e fora de si, para realizar os seus sonhos, o seu Propósito. A busca, apesar de sempre contar com a ajuda de outras pessoas (isso é inevitável e faz parte da caminhada), é pessoal, e a espera pelo que se acredita ser a autorrealização, a felicidade com a qual se sonha, deve ser **ativa**, centrada, equilibrada. Se o Propósito é individual, cabe a quem o busca dar o primeiro passo e esperá-lo com alegria e confiança em Deus e em si mesmo/a.

Isso também é importante, para que não culpe outra/as pessoa/s se, por algum motivo, não conseguir realizá-lo ou desistir no meio da caminhada. Essa ideia, como outras anteriores, também não é minha, estou tomando emprestada, com todo o respeito, do maior Mestre que passou pela Terra, Jesus, quando Ele ensina a não esperarmos sentados, que quando quisermos alguma coisa devemos dar o primeiro passo, por exemplo, "pedir" (uma ação inicial nossa) para que recebamos o que queremos ou o que precisamos, como descrito a seguir: *"Pedi, e dar-se-vos-á; buscai, e encontrareis; batei, e abrir-se-vos-á. Porque, aquele que pede, recebe; e, o que busca, encontra; e, ao que bate, abrir-se-lhe-á"* (Mateus 7:7, 8).[27]

Portanto tem de haver uma atitude, primeiramente por parte de quem quer alcançar alguma coisa ou chegar a algum lugar.

Outra coisa que vejo como maravilhosa nessa busca por uma realização pessoal são as oportunidades que aparecem para ajudar outras pessoas a realizarem os seus sonhos, objetivos, propósitos... Meu Deus, para mim é impossível traduzir em palavras essa alegria. Não há nada mais belo e gratificante do que ver alguém feliz e saber que eu contribuí, de alguma forma, para essa felicidade. Muitas vezes, são coisas tão simples que nem percebemos que fizemos, quando fazemos o melhor que podemos, no nosso trabalho diário, por exemplo, ou quando nos dispomos a isso, de facto.

Sobre ter os próprios sonhos, ou não, eu gosto de uma passagem de outro filme, *The ultimate gift* (*O último presente*) (2006), um

---

[27] Disponível em: https://www.bibliaon.com/versiculo/mateus_7_7-8/.

filme que, apesar de também ser uma ficção, trouxe-me valiosos ensinamentos sobre a vida, sobre como a vivemos, o que carregamos das experiências que tivemos e, pasmem, sobre o "aprender a trabalhar" diariamente verbalizado pelo meu pai.

Nesse filme, a pequena Emily, interpretada pela atriz Abigail Breslin (aliás, numa linda interpretação), uma menina que sofre de leucemia diz para o jovem Jason Stevens, vivido pelo ator Drew Fuller, que nunca tinha trabalhado, talvez por ter "tudo" o que queria, já que era financeiramente riquíssimo e estar prestes a herdar a fortuna do avô falecido. Entretanto trazia um coração pobre de sonhos, cheio de mágoas, de tristezas do passado. A menina, ao saber da "falta de sonhos" o garoto, diz a ele:

"Você tem que saber uma coisa: mesmo que não tenha sonho próprio, você realizou o meu e isso conta muito!".

Ele, inclusive aproveitando-se de sua fortuna, havia realizado o sonho dela, que era passar um dia maravilhoso com as pessoas que ela amava, que se amassem e que a amassem, no caso, ela, a mãe e ele. Eu concordo com a pequena Emily, principalmente quando me recordo do ensinamento de Jesus, quando realizava o Propósito dele neste planeta, sobre o *amor ao próximo* e sobre agir desinteressadamente, pensando unicamente na felicidade, na alegria e no bem-estar do outro/a. Deixo a ideia como uma sugestão para aqueles/as que a receberem.

Penso que realizar ou ajudar alguém a realizar os seus sonhos, independentemente de termos ou não realizado os nossos, cabe de modo perfeito nesse ensinamento. Acredito, ainda, que para se concretizar uma ação de amor dessa natureza, assim como para realizar os próprios sonhos e Propósito de Vida, é preciso outro elemento primordial, aquele que descrevi na introdução deste capítulo como sendo a "roda d'água que impulsiona o indivíduo na busca por suas conquistas: a força de vontade. Vamos conhecê-la?

Antes disso, o meu desejo é que você tenha ou crie propósitos belíssimos, que acredite neles e que tenha uma potente força para realizá-los.

Oriente o teu olhar para o próprio coração, reconheça ali as tuas conquistas, as tuas vitórias internas e externas, e pergunte-se: como consegui e consigo tudo isso? De onde vem, em mim, força para tanto?

Eu respondo: ela não vem de outro lugar se não de dentro de si mesmo/a; do mais profundo do teu ser; do teu mundo interior.

Ali está a fonte da energia para as tuas realizações, que permanece inesgotável, a jorrar e nutrir a terra, a tua terra, para que produzas os mais belos frutos. O seu nome? Força de vontade.

(a autora)

Portanto, lembre-se:

"De onde vem a força" que nos "faz ficar na corrida" da vida? "Ela vem de dentro".

(Eric Liddell, Atleta escocez, 1902-1945)[28]

---

[28] Fonte: Filme " *Chariots of Fire"* (Carruagens de Fogo), 1981.

8

FORÇA DE VONTADE: O COMBUSTÍVEL PARA O CORAÇÃO GUIADO POR UM PROPÓSITO DE VIDA

A força de vontade possibilita que modifiquemos a nós mesmos e a sociedade de pequenas e grandes maneiras.

(Roy F. Baumeister e John Tierney)

Falar sobre a força de vontade, sobre a existência de algo tão forte no interior de uma pessoa que seja capaz de conduzi-la para essa ou aquela direção, para as realizações mais importantes da sua vida, possibilitar a modificação individual e até coletiva, como diz a epígrafe acima, pode parecer uma ideia quase que centrada somente em quem acredita em uma Força Maior, em Deus.

Aqui, quero deixar clara uma coisa na qual acredito, de verdade: para quem pensa dessa forma, sim, penso que essa espécie de força costuma ser percebida nas pessoas que realmente têm essas crenças. Também penso que, talvez, seja pelo facto de a vontade, como mola propulsora para a realização de um sonho, de um propósito, estar implícita, por exemplo, naqueles ensinamentos citados anteriormente: *"Pedi, e dar-se-vos-á; buscai, e encontrareis; batei, e abrir-se-vos-á"*, [29]em que fica clara a necessidade de uma ação pessoal, uma demonstração da própria predisposição interna e iniciativa, para todo/a aquele/a que solicita uma ajuda.

Entretanto, tecendo outro olhar para a força de vontade, o da Ciência, existem pesquisas, como as apresentadas pelos escritores Roy F. Baumeister e John Tierney, no livro *Willpower"*(2012)(*Força de vontade: a redescoberta do poder humano*), em que é possível perceber que essa é também uma capacidade cerebral inerente ao ser humano. Nessa obra, seus autores trazem estudos que mostram que a força de vontade pode ser entendida como um poder existente

---

[29] Disponível em: https://www.bibliaon.com/versiculo/mateus_7_7-8/.

no cérebro de um indivíduo, capaz de ser exercitado, capaz de ser aplicado para a concretização de um propósito, e não apenas uma figura de linguagem que se usa para justificar o que está por trás quando alguém faz um feito extraordinário. Sim, a força de vontade existe e pode ser compreendida cientificamente, porém não é a minha pretensão entrar por esse caminho aqui, pela natureza da obra.

O que importa é dar a entender que é possível, para qualquer pessoa, realizar um sonho, concretizar um propósito, atingir seus objetivos, desde que faça valer a sua força interna, não apenas a força física, que também é importante, mas a sua vontade. Aqui, a ideia é que a utilize a fim de superar obstáculos para construir pontes dentro e fora de você, para mobilizar outras forças e vontades que o/a ajudarão na trajetória e na tarefa empenhada.

Assim, buscando significados para esse fenômeno, aparece-ram alguns interessantes trazidos pelo dicionário *Priberam*, em seu formato on-line, entre os quais destacam-se: *"Faculdade de operar, de executar, de mover, etc.; 2. Fortaleza; 6. Poder; 8. Energia; 12. Impulso; 13. Esforço. [...]; Capacidade para fazer voluntariamente um conjunto de acções que permitam atingir um objectivo"*.[30]

Nesses significados é possível entender do que falam os autores supracitados, especialmente o último, uma *"capacidade para fazer voluntariamente um conjunto de acções que permitam atingir um objectivo*[31]*"*, onde fica claro que estamos tratando de uma condição, uma capacidade interna do ser humano que, nesse caso (por ser humana), pode existir ou ser desenvolvida por qualquer pessoa, independentemente de condições externas, dela ou ao seu redor, e para o que pretender.

Uma das maravilhosas contribuições dessa força para a nossa vida é favorecer o controle de impulsos e o autocontrole, de acordo com as ideias do escritor Daniel Goleman, trazidas no seu livro: *Inteligência emocional: a teoria revolucionária que define o que é ser inteligente*. São quesitos fundamentais, sobretudo para evitar ou amenizar discussões negativas e violentas. E também são capacidades encontradas nas pessoas mais disciplinadas e com maior conhecimento de si mesmas, capazes de pensar antes de agir. Vou

---

[30] Disponível em: https://dicionario.priberam.org/for%C3%A7a%20de%20vontade.
[31] *Idem.*

dar alguns exemplos para facilitar o entendimento do que é alguém que tenha em si esta virtude: a força de vontade.

Como professora (a maior parte do meu trabalho foi na Educação/Formação Profissional), sempre gostei e gosto muito de citar exemplos de pessoas reais, quando falo, em especial, sobre assuntos dessa natureza. Penso que fica mais fácil de entender, de ver que é possível alguém realizar desde algo extraordinário até o sonho mais simples se dispuser-se a colocar na busca a sua força interior, além e acima de qualquer esforço físico ou outro externo. Pelo menos para mim fica mais fácil.

Assim, entre os milhares de nomes de homens e mulheres incríveis que poderia citar, trago, para exemplificar a força de vontade colocada em prática, uma pessoa que se não fosse conhecida internacionalmente e fosse vista na rua como um transeunte comum, em sua vida diária, pelas suas características físicas, dificilmente seria possível imaginar o tamanho e a importância dos seus feitos para o mundo: o físico inglês Stephen Hawking (1942-2018) e o seu brilhante legado para a Ciência e para a Humanidade, em especial, sobre a origem do Universo.

Entretanto basta uma rápida pesquisa pela internet sobre esse gênio para conhecê-lo, mesmo que superficialmente (pois só mesmo ele poderia conhecer-se mais profundamente, saber o que o movia), e fazer a seguinte pergunta: como uma pessoa paralisada da cabeça aos pés, que se locomovia em uma cadeira de rodas e se comunicava via computador (sem poder falar e usando apenas alguns movimentos que lhe restavam do lado direito da face) poderia atingir os níveis acadêmico, pessoal e profissional por ele alcançados, e realizar algo tão grandioso em seus estudos capaz de torná-lo conhecido, premiado e admirado mundialmente?

Só mesmo acreditando que tudo é possível quando se tem um Propósito e uma **vontade imensa** de realizar algo; não uma vontade qualquer, mas aquela **vontade comprometida**, capaz de movimentar faculdades internas ao indivíduo, como perseverança, fé e esperança, para atingir o que queria, para alcançar uma realização pessoal e mobilizar também, a partir das suas atitudes e ações, a vontade de outras pessoas, principalmente se há a possibilidade de trazer benefícios para a coletividade, para a Ciência, como era o caso dele.

Ao pensar assim, fica mais fácil entender que, quando se tem essa vontade, é possível realizar obras com a ajuda de forças mentais e emocionais muitas vezes até desconhecidas ou ignoradas pelo próprio indivíduo.

A propósito, é desse homem incrível uma das frases que considero mais belas que existe por mostrar o quanto uma pessoa pode ser superior ao que lhe acontece, seja uma determinada circunstância, situação de vida definitiva ou que possa estar atravessando, se puser em prática a sua força de vontade e orientar o olhar para um propósito: *"Não importa quanto a vida possa ser ruim, sempre existe algo que você pode fazer e triunfar. Enquanto há vida, há esperança"* (Stephen Hawking, 1942-2018).

Outro exemplo que gosto de mencionar é o compositor Ludwig van Beethoven (1770-1827), especialmente na criação da *Nona Sinfonia*, uma obra conhecida e admirada no mundo inteiro.

Ludwig van Beethoven era surdo, como aponta o livro *Beethoven*, do escritor Bernard Fauconnier, e, mesmo assim, compôs a *Nona Sinfonia*, considerada uma das mais belas composições de todos os tempos, interpretada até hoje em diversas partes do mundo, além de inúmeras outras. A pergunta que fica é: como uma pessoa conseguiria, como esse gênio da música conseguiu, compor uma obra com tamanha perfeição sem poder ouvir uma única nota? Apenas seguindo as técnicas e os aprendizados adquiridos antes de perder a audição? E se ele não tivesse uma força interna, uma vontade que o impulsionasse para atingir os (possíveis) propósitos que o motivavam, que acalentavam no coração? Deixo para que você encontre a resposta dentro de si mesmo/a.

Francisco Cândido Xavier (1910-2002), médium brasileiro, foi outro ser humano conhecido em diversas partes do mundo, que deixou um legado maravilhoso atuando com o propósito e uma imensa força de vontade de ajudar ao próximo, de aliviar dores e sofrimentos de pessoas ricas e pobres, sem olhar para si mesmo e sem pedir ou aceitar nada em troca do que fazia. Chico Xavier, como é conhecido, mesmo quase sem enxergar, deixou centenas de obras escritas, ajudou direta e indiretamente na construção de instituições filantrópicas e tornou-se um exemplo de vida dedicada ao amor e à caridade ensinados por Jesus. Ainda hoje, vinte anos após a sua morte, é reverenciado e respeitado por pessoas de diferentes credos, justamente por não fazer diferenciação de natureza nenhuma, ser um amante do bem e de fazer o bem, independentemente de qualquer coisa.

Além desses homens e das suas realizações, é possível ainda citar mulheres como Madre Teresa de Calcutá (1910-1997), uma missionária católica, da Macedônia, mundialmente conhecida e admirada por seu trabalho de ajuda humanitária. Outra personalidade da qual é possível falar quando se fala em força de vontade é a religiosa católica brasileira Irmã Dulce (1914-1992), que entregou a sua vida ao trabalho de socorro e cuidados aos doentes e aos mais necessitados. O que movia essas duas mulheres em seus trabalhos em favor do outro/a, que aliviaram tanto sofrimento, levaram conforto e dignidade a tanta gente, se não uma imensa força de vontade mobilizadora de sentimentos nobres como o amor ao próximo, a esperança, a perseverança, mesmo nas adversidades encontradas, e um propósito de servir a uma causa maior?

Pensemos em Ghandi, (1869-1948), e em sua imensa vontade de ver a India independente, que transformou o seu Propósito de Vida em uma luta pacífica, de sua parte, apesar das violências sofridas por ele e por muitos dos que o acompanhavam. E Nelson Mandela (1918-2013), em sua luta para acabar com a guerra entre negros e brancos na África do Sul, exemplo de força, de dignidade, de liderança, de luta pelo respeito e pelo reconhecimento do seu povo, entre outras tantas coisas que poderia falar sobre ele.

Quando leio sobre personagens como essas pessoas e seus feitos, o que penso é que em realizações como tantas conhecidas não é possível imaginar tão somente que sejam provenientes de uma força inexplicável se considerarmos que, em alguns casos, não havia qualquer possibilidade de força física.

Para mim, cabe muito bem a frase do líder pacifista indiano Mahatma Gandhi, que, na minha opinião, assim explicou a origem desse fenômeno que tem o poder de concretizar pequenas e/ou grandes realizações como a dele: a luta pela concretização da independência da Índia, sem usar a violência mesmo sofrendo-a ao extremo:

"A força não provém da capacidade física e, sim, de uma vontade indomável"[32].

Agora, sim, é possível compreender. *O combustível principal é a vontade*, associada a um *"por que"* (um motivo), que se carrega no coração, algo não visível aos olhos nem passível de ser pesado em uma balança, mas de uma energia (dentro do ser humano), tão grande, que era capaz de movimentar a pessoa, levando-a a atingir realizações grandiosas, independentemente de qualquer condição externa, dela própria ou do meio que fazia parte.

Para que não pensemos que a força de vontade pode mover apenas homens e mulheres que ficaram conhecidos por seus feitos, pelas causas que abraçaram, importa dizer que essa medida pode ser usada para reconhecer os inúmeros exemplos de pessoas "invisíveis" com as quais cruzamos em nossa trajetória de vida, a exercerem a sua capacidade interna para superarem adversidades, situações de vida ou circunstâncias menos favoráveis pelas quais passam ou encontram, para construírem histórias belíssimas que, às vezes, só contam para si mesmas/os ou conhecidas mais próximos.

Na minha vida eu tive – e ainda tenho – muitos desses exemplos. Lembro-me, principalmente, da minha mãe andar quilômetros com uma carriola, carregando os tijolos que ganhava como doação para a construção da sua tão sonhada casa própria, o que fez e conta com gratidão a Deus e às pessoas que ajudaram; dos alunos com deficiência intelectual com os quais trabalhei, muitos sem qualquer capacidade ou condição cognitiva para aprender a escrever, a ler, e, no entanto, com uma força de vontade sem limites, que ensinavam a quem quisesse aprender a prática da solidariedade, do olhar e pensar no outro, do não julgar pelas aparências, e que desenvolviam projetos belíssimos, atuais e necessários à vida das pessoas. Nesse contexto, lembro-me dos meus antepassados, de seus feitos para sobreviverem em tempos difíceis de escassez de toda a ordem, no nordeste brasileiro, lugar em que nasceram e viveram até migrarem em busca de uma vida melhor.

Finalmente, penso que a força de vontade é aquele "milagre cerebral" (invenção minha) que entra em ação quando a força do

---

[32] Disponível em: https://boanoticia.org.br/a-forca-nao-provem-da-capacidade-fisica-provem-de--uma-vontade-indomavel-mahatma-gandhi/. Acesso em: 2 maio 2022.

corpo físico, dos nossos braços e pernas parece insuficiente para perseverar e concretizarmos os nossos Propósitos de Vida ou outro que tenhamos. Nessas horas, é como se algo dentro de nós gritasse mais alto as seguintes palavras: levante-se, olhe para trás e veja os exemplos que tem e o quanto você caminhou. Olhe para os lados e veja quantas pessoas caminham contigo. Levante a cabeça, olhe para a frente e veja-se realizando o seu sonho, veja o muito que pode fazer por outras pessoas por meio do seu Propósito de Vida. Agradeça a tudo, a todos/as, a si mesmo/a, e sinta a alegria desse momento, das suas realizações.

Com essa força motivadora só é possível continuar, com mais força, esperança, coragem e fé. E por falar em fé...

Pois em verdade vos digo que, se tiverdes fé como um grão de mostarda, direis a este monte: Passa daqui para acolá, e ele passará. Nada vos será impossível.

(Jesus – Mt 17.20)

9

FÉ: O ALIMENTO QUE NUTRE A ALMA

Eu sei que o sol está sempre a brilhar, quer eu possa vê-lo ou não. As nuvens, por mais espessas que sejam, em algum momento irão dissipar-se e o sol estará lá, a espalhar a sua luz e calor como sempre esteve. Para mim, isto significa fé.

(a autora)

Como disse anteriormente, penso que tudo o que acontece na nossa vida, principalmente naquelas situações mais difíceis de entender ou aceitar, é como se o Universo nos fizesse um convite para olhar ao nosso redor e vermos que não estamos só, como muitas vezes pensamos e sentimo-nos; é um convite para apreciarmos as coisas que nos acontecem com fé, com uma mente positiva; de vê-las pelos olhos do coração, com a intenção de tirar, daquelas experiências, aprendizados significativos para a nossa existência.

Digo isso porque é o que fui percebendo e aprendendo diante de algumas dessas situações que vivenciei e que descrevo neste capítulo. Foi em momentos assim, que foram muitos, em que aprendi a perceber que, apesar de parecer, não estamos sozinhos/as e, acreditemos ou não, tem sempre "alguém" olhando por ou para nós, pronto para nos socorrer-nos. Basta que tenhamos olhos para ver, além de apenas enxergar, e fé para acreditar e pedir ajuda se preciso for.

Mas o que é a fé realmente? É uma espécie de força? É uma crença?

Eu acredito que é tudo isso e muito mais. É um fenômeno capaz de transformar uma pessoa, uma situação, por mais difícil e aparentemente impossível que seja, em algo positivo, possível, e até transformador para uma vida. Penso que é essa a ideia que o autor Lauro Trevisan quis passar quando transcreveu em seu livro dedicado à fé a seguinte citação, que é uma das mais belas falas de Jesus, o maior exemplo de fé e de obras "impossíveis" que já existiu, e que deixa claro o poder que cada pessoa carrega em si e que só depende dela, da sua vontade, manifestá-lo: *"Aquele que tiver fé fará as obras que eu faço e fará obras maiores ainda do que estas"* [33].

Nessa ótica, a fé *"não era uma força superior inerente apenas à esfera divina"*, como nós imaginamos. *"Tratava-se, segundo Jesus, de uma potencialidade divina cabível no espaço humano. [...] Não há limites para o exercício da fé a não ser o limite que a pessoa se impõe"*,[34] complementa o autor Lauro Trevisan, estudando a fé e explicando-a por meio da ciência.

Com base nesses pensamentos, a fé é um potencial capaz de ser desenvolvido por qualquer ser humano, independentemente de qualquer condição individual, interna ou externa a si. Tanto é que, se fizermos uma pesquisa, encontraremos pessoas de todos credos, de todas as raças e idades, com ou sem algum tipo de deficiência, com ou sem uma boa condição socioeconômica, que carregam no coração uma fé imensa.

Quanto aos limites dos quais fala o escritor Lauro Trevisan, podem ser, muitas vezes, aqueles desencadeados devido a vivências menos felizes pelas quais alguém tenha passado na infância, por exemplo. Essas experiências, armazenadas na memória, dependendo da sua intensidade, das emoções que despertarem, podem fazer com que a pessoa não acredite em si mesma, em sua força interior, em seu poder pessoal, enfim, de ter fé em seu potencial divino, capaz de realizar qualquer sonho ou propósito que almeja. Aliás, pode acontecer que uma pessoa com esse perfil nem consiga sonhar ou ter propósitos, quanto mais ter fé em realizá-los.

Esses acontecimentos, se não forem deixados para trás, podem fazer com que a pessoa desacredite da vida presente, veja e sinta o mundo como um lugar ruim do qual ela não se sente parte e não quer pertencer. Faz com que ela não confie nas próprias palavras, nos próprios sentimentos, não consiga ver as belezas das suas realizações, nem mesmo essas realizações com suas possibilidades de engrandecimento para si e para ajudar outras pessoas, em diversos sentidos, vivendo presa em autoconceitos negativos, crenças

---

[33] TREVISAN, Lauro. *A fé que remove montanhas.* Lisboa: Dinalivro, 2003. s/p.

[34] TREVISAN, 2003, s/p.

limitantes, memórias e experiências do passado, como se vivesse fechada em uma cela mental mesmo nos dias atuais.

Com todas essas dificuldades impedindo-a de reconhecer em si essa "potencialidade divina" e colocá-la em prática na vida diária, a pessoa pode perder, ou não desenvolver a capacidade de visualizar, de perspectivar coisas boas, ou seja, de ter perspectivas positivas para o futuro, por exemplo. Sobre isso, o escritor Anthony Robbins, ao falar sobre a perspectiva em seu livro *Poder sem Limites: o caminho do sucesso pessoal pela programação neurolinguístic*, destaca o quanto essas experiências implicam na forma como vemos o mundo hoje.

Entre essas limitações podemos destacar os sentimentos de não merecimento para autorrealizações, falta de confiança em si mesmo/a, falta de esperança e força para sonhar e conseguir algo que deseja, dificuldades para identificar seus talentos e colocá-los em prática em um Propósito de Vida, contribuindo para o próprio bem-estar e de outras pessoas, mesmo tendo oportunidades, pois isso não está ligado a questões financeiras positivas ou não, mas ao quê e como a pessoa sente-se em relação a si, às suas capacidades, às perspectivas futuras e à forma como vê e sente o mundo à sua volta.

Pensando em tudo isso é possível afirmar que quando se trata de alcançar algo que se quer muito, concretizar um sonho ou realizar um Propósito de Vida, para além de uma busca e de esperança ativas, é importante ter em mente que "*a fé consiste na firme confiança daquilo que se espera e na convicção daquilo que não se vê*",[35] mas em que a pessoa que confia, incluindo em si mesma, e tem a certeza de que já é uma conquista.

Cito um exemplo, o "truque" criado por Victor Franckl (1905-1997) para suportar o sofrimento do campo de concentração nazista: ele criava e vivenciava mentalmente o que queria fazer quando saísse de lá. Ele conseguia saltar o tempo presente e via-se dando conferências, escrevendo livros sobre as suas experiências, ajudando pessoas. Ele acreditava, confiava realmente em seus pensamentos e sentimentos, falava para si mesmo que sairia de lá com vida. Ele tinha tanta fé no que dizia a si mesmo e a outras pessoas que saiu e realizou o seu propósito. Nesse exemplo é possível ver o que define

---

[35] TREVISAN, 2003, s/p.

a fé, como descrita por Trevisan em seu livro: "Crer firmemente na realização da sua palavra".[36]

Por isso acredito que quando temos um Propósito de Vida, no qual acreditamos e pelo qual orientamos as nossas buscas por realizações, sonhos ou objetivos em curto prazo que queremos alcançar, que os buscamos com esperança e convicção, e usamos a nossa força interior, a nossa força de vontade, e quando colocamos nessa busca a nossa fé, que, como apresentada anteriormente, é o nosso poder pessoal e potencial divino, tudo fica mais fácil de concretizar.

Creio que cabe nessa ideia a predisposição para compreender e aceitar que as coisas acontecem no tempo que devem acontecer e que não temos o controle de tudo, ou melhor, de quase nada (para mim, essa foi das coisas mais difíceis de compreender e de aprender), mas, de tudo o que acontece é possível tirar aprendizados belíssimos se a mente for positiva e se no "olhar" para cada situação existir amor.

E eu costumo dizer que a partir daí, ou seja, do olhar positivo e da gratidão para e pelas conquistas que já temos, acompanhados de uma atitude de entrega com fé (entregar-se às mãos do Universo, de Deus, da Divindade na qual acredita), com esperança, espera ativa e abertura do coração para receber o que precisar ou buscar, é incrível como parece que as coisas caminham e fluem na direção que queremos e do que buscamos de forma mais leve e gratificante.

Voltando à questão das experiências menos boas pelas quais passamos, para quando mudamos a forma de vê-las, de senti-las e de pensar sobre cada uma, colocando aí atitudes mentais e emocionais mais positivas e a fé de que tudo vem para nos fortalecer e melhorar, eu gosto de citar aa frase do médico e escritor indiano Deepak Chopra:

> *"O poder de criar um futuro melhor está contido no momento presente: Crias um bom futuro ao criares um bom presente".*[37]

Eu complementaria: ao criar *um precioso momento presente*, pois, hoje, é assim que os vejo, inclusive aqueles momentos menos

---

[36] TREVISAN, 2003, s/p.

[37] Tolle, Eckhart. O poder da presença. Disponível em https://www.instagram.com/younity_portugal/. Acesso em: 16 nov. 2022.

agradáveis ocorridos na minha infância e que, naquela época, apesar das decisões que tomei, que foram as mais positivas possíveis, não tinha maturidade mental, emocional e espiritual, além da compreensão que tenho agora, para entendê-los assim.

A fé, também por uma das definições que lhe são atribuídas pelo dicionário, seria, ainda: "5. *Estado ou atitude de quem acredita ou tem esperança em algo*".[38]

Eu a vejo como uma ferramenta para a construção de quem queremos ser, um dos instrumentos que nos ajudam na trajetória da vida, fortalecendo a esperança, a confiança em nós e a nossa força interior.

É ela que tem o poder de abrir os olhos do coração e fazer com que visualizemos um caminho, a direção a seguir, o como, onde e/ou em quem buscar a resposta para alguma questão, mesmo sem os vê-los, de facto, principalmente nas horas em que a dúvida aparece. Nesses momentos, ao voltarmos os ouvidos para o que diz o nosso coração, para a nossa intuição, e procurarmos ouvi-los com atenção, é possível sabermos o que estão dizendo e, se acreditarmos, se tivermos uma fé incondicional, encontrar e seguir o caminho mais apropriado e de acordo com o nosso Propósito.

Sobre o ato de "visualizar", no capítulo seis, item *"Deixe que a respiração conduza você para dentro do corpo"*, no livro *O poder do agora*, o escritor Eckhart Tolle ensina, de uma forma bem simples, como fazer esse exercício, que fica muito mais fácil de realizar quando se tem fé e quando se está alinhado ao que se pensa e faz.

Mas há uma outra informação importante a respeito de se realizar um Propósito de Vida ou não, receber uma ajuda para alguma coisa que a pessoa queira/necessite: não basta ter fé, é preciso ação, é preciso agir em consonância com aquilo que se pensa e sente.

Em minha caminhada, cheguei à conclusão de que a verdadeira fé tem mesmo de ser ativa, ela não permite que a pessoa se acomode, sonhe sentada numa poltrona bem macia e espere o sonho realizar-se. Muito pelo contrário, coloca-a fisicamente em ação, dá-lhe força, coragem, vontade, ânimo, entusiasmo e disposição interna para aceitar os desafios e tudo mais que for preciso para que alcance o que está buscando. Essa é uma **fé decidida, comprometida**.

---

[38] Disponível em: https//dicionário.priberam.org/fé. Acesso em: 25 nov. 2022.

Para explicar melhor, trago experiências pessoal, da infância e da vida adulta, nas quais, hoje, percebo que se eu não tivesse fé (mesmo sem dar-me conta disso), se não acreditasse e não tivesse esperança de concretizar um sonho (ou) como o sinto agora, o meu Propósito de Vida, não o teria realizado da forma que sempre quis. Tenho plena convicção de que foi (e é até agora), em primeiro lugar, a minha fé, que desencadeou ações minhas, que me aproximaram de outras pessoas e de suas ações em meu favor, fez com que tudo o que realizei e estou a realizar se tornasse possível, como vou tentar mostrar nos itens a seguir. O primeiro é sobre aquela experiência da infância que estimulou e guiou a minha caminhada. Vou chamá-la de "a Promessa".

Depois de algum tempo, aprendi que a questão primordial das promessas que faço a mim mesma, ou a outras pessoas, em pensamento ou refletida nas palavras que saem da minha boca, em especial, num momento carregado de emoção, está, antes de tudo, na minha intenção, na minha fé, ao pensar e/ou pronunciar tal palavras. Essa intenção, essa fé, se carregadas de uma emoção positiva, podem contaminar aquilo que pensei ou falei, fazendo desses pensamentos e/ou palavras uma oportunidade para a construção, para a iluminação dos sonhos e Propósitos mais sublimes, meus ou das outras pessoas.

(a autora)

Este aprendizado ajudou-me a fortalecer outro:

"O que contamina o homem" positiva ou negativamente "não é o que entra na boca, mas o que sai da boca, isso é o que contamina o homem".

(Mateus 15:11)[39]

---

[39] Mateus 15:11. Disponível em: https://www.bibliaonline.com.br/acf/mt/15/11-18. Acesso em: 10 set. 2022.

10

A PROMESSA

Promessa: "Compromisso de executar algo ou realizar um ato".[40]

Se tivermos fé é possível perceber que, muitas vezes, até os acontecimentos que contrariam as nossas expectativas, nossos sonhos e nossas vontades parecem ser enviados por Deus para ajudar a orientar a nossa trajetória ou livrar-nos de algo mais grave. Por que digo isso?

Primeiro, pela minha decisão de, até sem pensar, fazer-me uma promessa como a que fiz: "Vou trabalhar, mas quando puder vou voltar a estudar e ter um futuro melhor" (uma ação interna), carregada de emoção, aos 8 anos de idade, diante do facto de não poder estudar como eu queria e sonhava, e, o invés disso, ir aprender a trabalhar como o meu pai queria.

Esse acontecimento, unido à vontade que eu tinha de estudar, fez nascer em mim uma fé imensa e a firme convicção de que em algum momento da minha vida voltaria para a escola, recomeçaria de onde eu havia parado e lutaria pelo tão sonhado "futuro melhor" que vislumbrava se estudasse. E assim aconteceu. Eu não apenas voltei como cheguei onde nem de longe imaginava que chegaria: um doutoramento/doutorado em uma das melhores universidades da Europa! Por isso, trago sempre comigo o texto que coloquei como pígrafe na página anterior, pois penso que foi exatamente o que aconteceu: os meus pensamentos estavam tão carregados de emoção que "contaminaram" (positivamente) a promessa que fiz a mim mesma, levando-me aos resultados que eu queria. Para mim, isso só reforça o que diz o escritor Lauro Trevisan, já citado aqui:

"Não existe fé sem obra e não existe obra sem fé. Toda a obra nada mais é do que a materialização do pensamento acreditado. Pensamento acreditado chama-se fé".[41]

---

[40] Disponível em: https://www.infopedia.pt/dicionarios/lingua-portuguesa/promessa. Acesso em: 23 out. 2022.

[41] TREVISAN, 2003, s/p.

Realmente, para que tudo acontecesse eu não fiquei parada: parti para a ação, internas e externas, ou seja, acreditar no meu sonho, sentindo-o realizado e agindo, de olho em todas as oportunidades que apareciam nos lugares por onde passava. A partir dali me predispus a aprender a trabalhar, a fazer o melhor que podia, porém, sem perder de vista o que realmente queria (ações internas e externas).

Estava sempre buscando uma forma de voltar para a escola, até que ela chegou e eu abracei-a, mesmo trabalhando nas lavouras durante todo o dia e indo estudar à noite. Hoje, olhando para trás e ver o valor que dou ao trabalho, ao estudo e à importância das nossas ações para concretizá-los com êxito, tenho a certeza de que tudo aconteceu no tempo certo, quando eu teria o amadurecimento necessário para saber dar a tudo o devido valor.

Não sei se teria tomado o mesmo caminho ou se estaria onde e como estou se não fosse aquele impedimento num momento tão importante da minha vida. Ele foi, de certa forma, um motivador, o fio condutor para cada decisão que eu tomasse dali em diante. Ele foi a base do meu Propósito de Vida (que eu nem sabia que tinha) e dos caminhos que tomaria, ensinou-me a agir, a ir em busca, literalmente, com o corpo e a alma, e a dar o primeiro passo. Considero isso um dos grandes presentes que recebi de Deus, pelas mãos e palavras do meu pai. Hoje, sinto imensa gratidão por ambos.

Outro momento que acredito que o facto de ter fé na proteção e na providência divina, no poder de um Propósito de Vida, e pensar que se soubermos ver e aproveitar, as coisas que nos acontecem são sempre para o nosso bem ou por algo melhor no futuro é o que relato a seguir.

Para mim, apesar dos imensos benefícios que me trouxe, impossíveis de mensurar, foi uma das experiências mais difíceis que já vivenciei devido ao medo que passei e alguns traumas que precisei superar. Continue comigo que vou te contar e, acredite, a nossa fé se manifesta para o nosso bem, mesmo que não tenhamos planejado antecipadamente o que vamos pensar ou falar.

Quanto ao poder, quem tem fé tudo pode.

(Jesus)[42]

---

[42] TREVISAN, 2003, s/p.

11

O ROUBO DO ÓCULOS: UM VERDADEIRO PRESENTE DE DEUS E DA MINHA FÉ

Quando conseguimos ver além dos acontecimentos em si, quando vemos com os olhos da alma, podemos ver bênçãos fantásticas.

(a autora)

Esse momento que conto agora foi quando fui a "pessoa escolhida" por um rapaz para ser assaltada no domingo de Páscoa de 2009. Nesse dia, eu retornava para casa, como fazia todos os anos, depois de viajar para a cidade onde morava a minha mãe, para passar a Páscoa com ela (meu pai já havia falecido).

Na tarde do domingo, peguei o ônibus de volta para minha cidade, pois trabalharia na segunda-feira. Ao chegar na estação rodoviária, como sempre fazia, apesar de estar chovendo, fui a pé para a minha casa, que ficava a uns quinze minutos de distância. Eu tinha feito esse trajeto inúmeras vezes, sempre muito tranquila, portanto não pensei que haveria algum perigo. Além disso, eu amo caminhar quando está chovendo. Eu ia completamente dispersa, agradecendo a Deus pela chuva, por amenizar o calor e a secura da terra. Imaginava a alegria das árvores e dos pássaros (faço isto todas as vezes que chove).

Eu nunca tinha me visto como uma pessoa corajosa, mas não tinha medo de assaltos. Quando caminhava, por qualquer motivo (e fazia isso todos os dias, pois não tinha carro), tomava os devidos cuidados, pedia proteção a Deus e ia. Dessa vez, fiz igual.

Naquele "distanciamento do mundo" não percebi que estava sendo seguida por um rapaz, provavelmente desde a estação rodoviária, já que eu estava sozinha, carregando uma mala de viagem e a rua estava deserta devido à chuva. Só o vi quando virei uma esquina e ele vinha a uns 30 metros de mim, mas não me preocupei e fui adiante. Penso que ele deve ter corrido, pois em poucos minutos senti que uma mão puxava a bolsa que carregava no ombro, ferindo-me o pescoço com as unhas. Isso jogou o guarda-chuva que eu usava no meio da rua. Eu levei um susto imenso, virei-me e vi o rapaz com a minha bolsa, na qual estavam os meus óculos, minha carteira com documentos, cartões do banco, a chave da casa, agenda, tudo!

Eu só olhei para ele e disse: "Não faz isso, moço!". O rapaz não respondeu uma palavra e saiu correndo. Não sei por que, naquela hora, além do susto, eu senti uma grande pena daquela criatura e, sem pensar, disse: "Senhor Deus, cuida dele. Neste momento, ele precisa mais do Senhor do que eu". Não sei de onde saiu isso, principalmente num momento como aquele, mas me trouxe uma paz sem igual.

Eu imaginei que aquele rapaz poderia ser mais uma pessoa que roubava para manter o vício em drogas do que uma pessoa má (na época, eu era docente de Programas de Formação Profissional para jovens e conhecia alguns que haviam passado por esse tipo de escolha e de vida, inclusive, perdendo-a). Penso que a minha reação veio daí e do carinho que tinha e tenho por esses meninos e essas meninas.

Apesar dos incômodos que a situação traria, como ter que tirar novos documentos, cancelar cartões e providenciar um chaveiro num domingo de Páscoa àquela hora da noite, eu sabia que eu tinha um lar tranquilo, paz de espírito, um ótimo emprego, amigos que me socorreram, entre outras maravilhas que só sabe o que é quem as tem. Na verdade, eu sabia que não tinha perdido nada que não pudesse ser providenciado novamente. Assim pensando, tranquilizei-me, agradeci a Deus por estar bem e continuei o meu caminho até minha casa.

A única coisa que me preocupava eram os meus óculos, pois o tinha há apenas mais ou menos um ano e precisava deles para ler e trabalhar. Além disso, teria que pagar uma nova consulta médica e mandar fazer outros. E assim o fiz. Com a ajuda da minha gestora na época, consegui uma consulta com um valor mais baixo, fui ao oftalmologista, e o que aconteceu explicou-me perfeitamente a "necessidade" daquele roubo, ajudando-me a "vê-lo com os olhos da alma" e a reconhecê-lo como uma bênção divina.

Durante a consulta, percebi que ela estava demorando mais do que o normal. O médico examinava os meus olhos, parava, examinava novamente, até que me perguntou: "Existe algum caso de glaucoma na sua família?". Eu disse que sim, que a minha avó materna e a minha mãe tinham esse problema. Ele, com muito cuidado, sentou-se na minha frente e disse que os meus olhos apresentavam algumas alterações que caracterizavam o glaucoma e que era preciso agir logo, começar a tratar o quanto antes, explicando-me as possíveis consequências, como a cegueira.

Naquele momento foi como se eu tivesse voltado ao instante do roubo e soube que aquele acontecimento não foi um acaso ou coincidência. Consegui entender e ver naquela situação a mão de Deus a proteger-me, usando aquele rapaz como um instrumento Seu. Se não fosse pelo que ele fez, pelas suas escolhas, talvez eu não tivesse descoberto a doença nos meus olhos a tempo de tratar e evitar um mal maior: perder a visão.

Sei que poderia ter sido qualquer outro evento ou pessoa, mas foi aquele rapaz que foi o "anjo da guarda" dos meus olhos (mesmo que alguém pense o contrário, devido às suas escolhas), enviado por Deus, e ao qual sou grata por poder fazer tudo o que faço hoje. Assim, agradeci novamente, inclusive ao rapaz (mentalmente), mesmo sem saber quem era e onde ele estava, e vou agradecer sempre.

Já havia lido e/ouvido falar de coisas assim, mas nunca tinha vivenciado nada tão forte. Para mim, a única coisa que explica é realmente a fé na proteção divina e na oportunidade para que eu aprendesse a ver além dos acontecimentos em si. Eu poderia ter perdido os óculos de qualquer outra forma, mas, talvez, não teria aprendido o que aprendi. Vejo nessa experiência o Poder do Propósito divino para a nossa vida e para o nosso destino.

A experiência a seguir também é sobre ter fé, sobre aprender a confiar e a acreditar, mas, dessa vez, que temos "alguém" a olhar por nós, sempre e onde estivermos. Continuemos a caminhar.

"Olhe não apenas com a mente, mas com a alma [...].
Encontre os olhos para ver".[43]

---

[43] Filme: *A profecia celestina*, 2006.

Quando não consigo ver um caminho, quando parece que tudo desmoronou na minha frente, levanto os meus olhos e contemplo o azul do céu. Ah, quão belo é esse azul. Nesse momento, como que num passe de mágica, começo a perceber que não estou só. Há ali, sem que eu tivesse percebido, o azul do mar; neste mar há gaivotas a fazerem-me companhia e a brincarem confiantes, como uma criança que sabe que está a ser observada por alguém que cuida delas com muito amor, com um amor incondicional.

Ao abaixar os olhos novamente, vejo um farol como que a apontar-me a direção que devo seguir. Incrível, eu só precisei levantar os olhos, mudar o meu olhar. Tudo já estava lá. Agora, mais confiante e sem medo, sigo o meu caminho (a autora[44]).

---

[44] SANTOS (2022). Livro *De coração para coração Mensagens para aquecer a alma.* (s/p). Disponível em: https://www.youtube.com/watch?v=F_YJubKEJv4&t=63s. Acesso em: 28 out. 2022.

12

A CERTEZA DE QUE O CÉU ESTÁ A OLHAR POR NÓS: O RAPAZ DO AEROPORTO EM MARROCOS

Mas Eu não estou desamparado, pois meu Pai está comigo.

(Jesus – João 16:32)

A concretização de algo impensável por mim, numa hora e num lugar como aquele em que eu me encontrava. É assim que defino o relato a seguir.

Esse foi mais um momento em que o Universo enviou-me um "anjo da guarda" para me ajudar e fazer com que eu chegasse ao meu destino, a cidade de Lisboa, em segurança e de acordo com os meus planos. Considero-o um acontecimento incrível pela forma como ocorreu e a situação em que me encontrava.

Foi quando eu estava vindo para Portugal, em outubro de 2015, para estudar mestrado e, praticamente, de mudança. Esse era um sonho que eu alimentava há muito tempo e parte da essência do meu Propósito de Vida: aprender sempre. Depois do ocorrido, eu confirmei o imenso Poder que tem um Propósito, mesmo quando não estamos pensando nele em um determinado momento.

Eu já tinha vindo outras vezes para a Europa, para participar de um Congresso de Educação e de férias. Todas as vezes, viajei por rotas em que me sentia mais segura e tranquila, mas, dessa vez, devido ao valor da passagem ser mais baixo, escolhi um trajeto com escala em Marrocos, um país do qual não conhecia nada. Assim, desci no aeroporto de onde eu embarcaria para Lisboa, e como o avião estava atrasado, eu não tinha muito tempo até o meu próximo voo para o destino final. Começou, aí, toda a situação.

O aeroporto era uma miscelânea de pessoas que eu nunca tinha visto. Para quem não conhece e não domina os idiomas, ter pouco tempo para uma conexão pode ser um problema. Eu tinha que procurar o portão de embarque, entretanto, tinha uma multidão na minha frente para passar pelo raio X. Comecei a desesperar-me, pois achava que não daria tempo de embarcar para Lisboa.

Assim, com o meu inglês, muito ruim na época, tentei comunicar-me com alguém do aeroporto para pedir ajuda. Impossível! Eram poucas as pessoas para dar informações e o homem com quem consegui falar não entendia o que eu precisava. Mesmo eu mostrando o meu bilhete de embarque e o horário do voo, ele virou-me as costas e desapareceu no meio do povo. Eu não acreditei naquilo.

Sem saber o que fazer, fiquei parada, olhando para os lados, literalmente, até pensar como resolver a situação. Esse foi um daqueles momentos em que a gente vê-se incapaz: não entende ninguém e ninguém nos entende. Era assim que eu me sentia. Um certo desespero começou a tomar conta de mim pela dificuldade de chegar até o portão de embarque. O que fazer no meio daquela confusão de pessoas?

De repente, para a minha surpresa, senti que alguém me segurou na mão em que estava o bilhete. Ele olhou-o e, sem falar uma palavra (até porque creio que não adiantaria), foi puxando-me entre as pessoas até o raio-x. Ao chegar, mostrou o meu bilhete para o responsável daquele posto, falando a ele algo que eu não entendi por causa do idioma (parecia árabe); depois, indicou-me para ir adiante, caminhou comigo e apontou-me a direção que eu deveria ir para chegar ao portão de embarque.

Preocupada como estava, só pensava em sair correndo, pois sabia que já estava atrasada para embarcar. Então olhei para trás a fim de agradecer aquela pessoa, que eu só sabia que era um rapaz alto, de pele escura (pela cor da mão) e com uma roupa clara típica do país, mas ele tinha desaparecido. Por mais que eu tentasse, inclusive se tivesse tempo, jamais o encontraria. Nessa hora, o único pensamento que tive é que era um daqueles "anjos da guarda" que Deus nos envia quando mais precisamos. Assim pensando, agradeci e pedi aos Céus que o abençoasse e agradecesse a ele por mim. Entrei no avião e cheguei em Lisboa, muito tranquila, na certeza de que tinha recebido uma verdadeira bênção.

Algumas pessoas veem nessas situações uma obra do acaso ou coincidências, mas penso que está exatamente aí a resposta do Universo quando acreditamos na existência de uma Força Maior sempre pronta a nos ajudar. Para mim, **isto é fé**.

Penso da mesma maneira que o Cardeal Arcebispo de Buenos Aires, interpretado pelo ator britânico Jonathan Pryce no filme *The two popes* (*Dois papas*), (2019).[45] Ele diz: *"Coincidências não existem. Estamos todos nas mãos de Deus"*.

Outro pensamento que acho interessante sobre "coincidências" é um citado no filme *The secret: dare to dream* (*O segredo, ouse sonhar*)(2020), que diz o seguinte:

> *"Coincidência é a maneira que Deus encontrou para permanecer no anonimato".*[46]

Hoje, por essas experiências pessoais, tenho a certeza de que é mesmo isso.

Mas o que ficou e fica para mim, principalmente quando volto lá atrás e revivo mentalmente esses momentos, em especial no caso do roubo, que me levou os óculos, é a gratidão e o sentimento de ser cuidada, protegida de algo muito mais difícil e doloroso que eu poderia passar. Nessas horas, faltam-me palavras para agradecer a Deus e às pessoas que, de alguma forma, foram escolhidas por Ele e fizeram parte do que contei.

O resultado é que, hoje, eu estou aqui em paz, com saúde, estudando e escrevendo (minhas maiores paixões). Trabalho com tranquilidade em tudo o que me disponho a fazer ou tenho a oportunidade. Tenho a consciência de que tudo isso é, também, graças a essas pessoas e tantas outras que cruzaram e cruzam o meu caminho, estendendo-me a mão e agindo no tempo devido, como podem ou sabem, para que eu consiga cumprir o meu Propósito.

Quando faço um retrocesso mental, é difícil contar quantos desses "anjos" já me foram enviados e nas mais diversas circunstâncias: professores, inclusive das faculdades onde estudei dentro e

---

[45] Disponível em: https://www.netflix.com/pt/title/80174451. Acesso em: 10 dez. 2019.

[46] No filme, *The secret: dare to dream* (*O segredo, ouse sonhar*)(2020), o pensamento é erroneamente atribuído a Albert Einstein. No entanto pode ser uma variação de uma frase do escritor francês Théophile Gautier, publicada em 1845. Disponível em: https://www.pensador.com/frase/NTQ4Njl5/. Acesso em: 22 maio 2022.

fora do Brasil, funcionários de escolas pelas quais passei, médicos, amigos, família, pessoas desconhecidas...

Em relação a cada situação, o que ficou e que vai servir-me para a vida toda, foram inúmeros aprendizados, principalmente a fé na Providência, a confiança e a certeza de que não estamos sozinhos/as. Acredito que a fé que eu tinha e tenho de que tudo ocorre para que algo melhor aconteça (mesmo que não tivesse consciência disso naqueles momentos ou apesar de, em algumas horas, parecer faltar), foi o que me ajudou e moveu forças internas para que eu agisse como deveria.

Com este relato, eu concluo a trilogia: Propósito, força de vontade, fé – elementos primordiais para a caminhada da Vida, iniciada no capítulo 5, na certeza de que, entre os aprendizados que colhi, que foram reforçados por esses acontecimentos e que penso serem os principais para a vida toda, está a forma mental (positiva ou não) com a qual recebo as coisas que acontecem, como encaro situações, circunstâncias e experiências pessoais das mais diversas. Vou chamá-la aqui, e no capítulo a seguir, de mentalidade positiva.

Eu recebo o novo dia,

Como os pássaros no entardecer.

Com a alma a cantar de alegria,

E o coração a agradecer.

A esperança que vem como presente,

De um feliz recomeçar;

É o alimento do coração e da mente,

Que dá forças para o meu caminhar.

Assim, vivo cada momento,

De olhar voltado para o porto onde quero chegar,

Como um marinheiro que aproveita o vento,

Sem perder-se de si mesmo, na imensidão do azul do mar.

(a autora)[47]

---

[47] Poema "Ser positivo". SANTOS (2022). Livro De coração para coração Mensagens para aquecer a alma. (s/p). Disponível em https://www.youtube.com/watch?v=F_YJubKEJv4&t=63s. Acesso em: 28 out. 2022.

13

MENTALIDADE POSITIVA: A SÁBIA FORMA DE RECEBER O QUE A VIDA TRAZ

Mesmo as situações difíceis criam uma oportunidade para aprender e crescer.

(Deepak Chopra)

Tudo vai depender da forma como se pensar e/ou olhar para estas situações.

(a autora)

É difícil imaginar qual seria a sequência certa para os títulos dos capítulos desenvolvidos neste livro até aqui. Digo isso, pois penso que o tema sobre a importância de se ter uma mente positiva deveria vir em primeiro lugar. Por outro lado, e até por experiência própria e de pessoas com as quais converso, acredito que essa é uma transformação que vai ocorrendo à medida que se vai, e como vai, trilhando os caminhos e vivenciando as situações que a vida apresenta, conforme a pessoa vai aprendendo a aceitar aquilo antes inaceitável, ou quando ela está pronta, como descrevem os autores Napoleon Hill e W. Clement Stone no livro *Atitude mental positiva*.

"A vitória dentro de nós não se afirma até estarmos prontos". [48]

E quem define ou decide quando estamos prontos/as? Somente nós mesmos/as, trabalhando, preparando-nos para isso com ações positivas dentro (principalmente) e fora de nós, e ouvindo o nosso coração. Por exemplo: eu nunca vou estar pronta para uma prova se não me preparar para ela, em primeiro lugar, mental e positivamente

---

[48]   Hill, Napoleon. *Atitude mental positiva*. Porto Alegre: CDG, 2015. s/p.

(pensamentos positivos, autoconfiança, acreditar nas minhas capacidades...). Adiantaria eu passar um dia inteiro estudando, acreditando que que não sei nada e que vou tirar uma nota baixa?

"Quando mudamos a nossa mentalidade para que seja positiva, mudamos a nossa vida".[49]

A partir de então, essa transformação vai sendo percebida, reconhecida, desde a maneira de pensar e de agir até na forma de olhar para as experiências menos agradáveis do presente, do passado e para imaginar o futuro. Helen Keller sabiamente dizia:

"O otimismo é a fé em ação. Nada se pode levar a efeito sem otimismo".[50]

Ao longo da minha trajetória, apesar de na maioria dos acontecimentos agir de forma positiva, mesmo nas experiências mais difíceis e recebendo-as como oportunidades de aprendizado (aliás, penso que esse foi o ingrediente principal para realizar os meus sonhos), não me sentia como uma pessoa de mente completamente positiva. Muitas vezes identificava pensamentos negativos, principalmente diante de coisas para as quais eu não via significado, não via o caminho ou os recursos para a sua concretização (eu queria ver para crer).

Hoje, percebo que aprendi a deixar de ver-me como vítima dessa ou daquela circunstância, situação de vida ou pessoa que me tenha feito algo. Deixei de sentir-me incapaz, desmerecedora de realizações felizes, e tenho conseguido limpar sentimentos de culpa, de julgamentos em relação a mim e/ou a outra/s pessoa/s (aliás, não me dou o direito de julgar quem quer que seja, nem a mim mesma). Nesse meio, estão memórias e autoconceitos que, acredito, provinham principalmente de vivências não muito agradáveis da minha infância que, agora, consigo compreender e deixar ir.

No lugar deles, há algum tempo, estão sendo plantados e dando belas flores, a certeza da minha capacidade de realização, a autoconfiança, o sentimento de ser merecedora de coisas boas, o sentimento de pertença, dentre outras conquistas alegres e transformadoras, as quais reconheço como conquistas de uma mente positiva.

---

[49] DISPENZA, 2012, s/p.
[50] HILL, 2015, s/p.

Entre o que considero grandes vitórias estão o aprender a aceitar, a perceber, a receber e a agradecer as bênçãos enviadas por Deus, pelo Universo, representadas nas realizações conseguidas por meio das minhas ações e/ou trazidas por mãos de outras pessoas, algumas vezes sem que eu nem as tivesse buscando fisicamente naquele momento.

Uma forma de pensar que vejo como um aprendizado maravilhoso é que nós não temos o controle de quase nada do que nos acontece nem dos sentimentos, pensamentos e ações das outras pessoas (aliás, desses três últimos não temos controle nenhum), como muito bem ensina Karim Khoury em seu livro *Vire a página – Estratégias para resolver conflitos*. Sendo assim, é preciso estarmos mental e emocionalmente preparados/as para não nos abatermo quando recebermos algo desagradável vindo daqueles/as com quem convivemos, trabalhamos, cruzamos na rua, e até de nós mesmos.

Mas o que é ter uma mentalidade positiva? O que há de diferente nessa forma de ser e de pensar que pode transformar uma existência? Para responder a essa questão, inclusive para mim, pesquisando uma definição que mais se aproximasse do termo, encontrei algumas interessantes, que se referem às nossas atitudes diante da vida. Porém, devido à natureza deste livro e pela simplicidade que eu queria para as definições, penso que as mais apropriadas são estas, que estão no livro do autor Napoleon Hill:

> *"Atitude Mental Positiva é a atitude mental correta. Qual é a atitude mental correta? Geralmente, é composta pelas características "mais", simbolizadas por palavras como fé, integridade, esperança, otimismo, coragem, iniciativa, generosidade, tolerância, tato, amabilidade e bom senso".*[51]

E tudo isso é só uma questão de escolha pessoal, ou seja, de a pessoa escolher como quer ver ou passar por determinada experiência, situação. Sim, a escolha é individual e independe de condições específicas, externas e físicas, por exemplo. Em qualquer circunstância, o indivíduo consciente *"pode direcionar seus pensamentos e controlar suas emoções"* e *"escolher se sua atitude será positiva ou negativa. [...] Uma Atitude Mental Positiva é a atitude mental certa*

---

[51] HILL, 2015, s/p.

numa dada situação";[52] assim, a pessoa pode reclamar, revoltar-se ou agradecer pela oportunidade de aprendizado.

Simples assim.

E eu concordo com os autores e acrescento um conceito pessoal:

> *A mentalidade positiva é o estado de espírito permanentemente positivo, com o qual se recebe, encara e se aproveita, como oportunidade de aprendizado, uma determinada circunstância, experiência ou situação de vida; que independe da natureza do acontecimento e de quem está envolvido, do momento em que se está a viver. Ela é passível de ser aprendida, desenvolvida e transformada em hábito por qualquer pessoa, independentemente de condições externas a ela.*

Ainda a seguir os pensamentos dos autor Hill, um exemplo de alguém que desenvolve e faz uso dessa atitude, é que essa pessoa *"não desiste de tentar porque falhou anteriormente"*, quando em busca de uma realização, *"ou porque sabe de casos em que outros falharam"*.[53]Pelo contrário, ela vai em frente tendo como exemplo aqueles/as que venceram, que acreditaram e, mesmo falhando algumas vezes, depois foram bem-sucedidos.

No pensamento dos autores está um verbo que considero imprescindível quando se trata de se pensar positivamente: acreditar. É impossível alguém vencer em qualquer situação, conseguir levar adiante um Propósito de Vida, se não acreditar que pode e vai vencer. Isso é ter e manter uma mentalidade positiva, aquela que traz alegrias, realizações, sentido e bem-estar para a vida.

Exemplificando com as minhas experiências, uma das coisas que me enche o coração de alegria é quando percebo que consegui transformar a minha atitude mental para ser mais positiva, desde as situações que considero difíceis como aquelas que envolvem o coração (por exemplo: perdoar, perdoar-me, não julgar, não guardar ressentimentos ou pensamentos que não quero, aceitar uma determinada situação que não acontece como eu gostaria), até aquelas mais simples, seja comigo ou envolvendo outras pessoas, como falar um bom dia a alguém com a intenção e a vontade de que do dia seja mesmo bom para aquela pessoa.

---

[52] HILL, 2015, s/p.

[53] HILL, 2015, s/p.

Para explicar melhor, vou contar uma experiência que, por ter sido (e em alguns lugares, neste momento, ainda é) vivenciada no mundo todo, acredito que ficará bem fácil de entender o que é e os benefícios de se ter uma mente positiva constantemente, inclusive protegendo a pessoa de situações como depressão, solidão, exclusão, da "síndrome do APP"(Apego aos Próprios Problemas)(criação minha). Vou chamá-la de os benefícios de se ter uma mente positiva. Vamos adiante.

— O que restará de mim, quando perder as minhas folhas viçosas? Perguntei ao meu coração. Ele, calmamente, respondeu-me: — Não te preocupes, apenas caminhe seguindo os teus mais elevados pensamentos; agindo e fazendo o melhor que sabes e podes. No teu tempo, o tempo certo, restarão as tuas flores, e estas, pela beleza do pensar, do teu sentir, do teu viver, e pelo amor com que foram produzidas, ficarão como a tua marca, as tuas pegadas por onde passares. Mostrarão que vivestes positivamente, além de, apenas, existir. [54]

(a autora)

---

[54] SANTOS (2022). Livro De coração para coração Mensagens para aquecer a alma. s/p. Disponível em: https://www.youtube.com/watch?v=F_YJubKEJv4&t=63s. Acesso em: 28 out. 2022.

14

OS BENEFÍCIOS DE SE TER UMA MENTE POSITIVA: A EXPERIÊNCIA COM A COVID-19

A beleza da vida, que vejo ao meu redor, está, antes de qualquer coisa, dentro de mim mesma/mesmo, nas minhas atitudes mentais, na forma como recebo e o que faço com cada experiência que ela me oferece.

(a autora)

Quando foi determinado o confinamento das pessoas para conter a propagação da doença do Coronavírus (Covid-19)[55] eu morava e trabalhava na cidade de Faro, no sul de Portugal, para onde fui com o propósito de estudar mestrado. Nessa época eu também trabalhava como voluntária (outra forma em que me sinto realizada na vida) com muitas outras pessoas, em uma Organização que recolhe e distribui alimentos excedentes dos restaurantes, pastelarias, supermercados etc., para pessoas necessitadas, a Refood.[56]

Desde que vivo em Portugal, esse foi um dos momentos mais difíceis de enfrentar, principalmente para quem vivia sozinha, como eu, distante da família, e por saber dos riscos que a doença trazia, inclusive de morte. Para mim, o mais difícil era o facto de não poder sair de casa e a preocupação com a minha mãe, idosa, com a saúde fragilizada, e os meus irmãos, que eu não via há muito tempo.

Entretanto, como já disse antes, parece que Deus sempre sabe antecipadamente o que precisamos e providencia na medida exata. Quando começou o confinamento e eu ficaria sozinha dentro de casa, as pessoas voluntárias que ajudavam na Refood não puderam mais

---

[55] Covid-19 é o nome, atribuído pela Organização Mundial da Saúde, à doença provocada pelo novo coronavírus SARS-COV-2, que pode causar infecção respiratória grave, como a pneumonia. Esse vírus foi identificado pela primeira vez em humanos no final de 2019, na cidade chinesa de Wuhan, província de Hubei, tendo sido confirmados casos em outros países. Disponível em: https://www.sns24.gov.pt/tema/doencas-infecciosas/covid-19/. Acesso em: 19 maio 2022.

[56] Disponível em: https://re-food.org/. Acesso em: 22 jul. 2022.

ir até a Organização e as famílias, mais do que nunca, precisavam do alimento que era distribuído, pois muitas ficaram sem renda devido ao desemprego.

Assim, o trabalho desenvolvido precisou continuar, com cinco a sete pessoas (autorizadas a estarem no recinto), das dezenas que costumavam ir. Eu ofereci-me para continuar, pois, além de saber da necessidade e querer ajudar, estava sem trabalhar, pois meu local de trabalho estava fechado.

Hoje, com a vida quase normal e tendo conhecimento dos comprometimentos psíquicos e emocionais que a doença e o confinamento trouxeram para tanta gente, mesmo sem contrai-la, olhando para como eu me sinto, como continuo a levar a vida, e para as pessoas que trabalharam como voluntárias naquele momento e que continuam lá com alegria, ajudando e levando suas vidas da melhor forma possível, vejo o quanto fomos beneficiados pela forma de pensar positivamente e de agir em favor de um Propósito maior.

Nós – e muita gente em outros lugares – conseguimos enfrentar uma situação de medo quase generalizada porque a preocupação de servir a quem precisava estava acima de tudo. Lembro-me de pessoas que cantavam nas janelas das suas casas para dar força a quem estava trabalhando; outras doaram o seu tempo fazendo alguns dos itens que eram necessários para doação. Meu Deus, tinha tanta coisa para se fazer mesmo em confinamento!

Considero que o facto de mantermos a mente ocupada com algo positivo, de nos cuidarmos (fizemos tudo como era determinado pelo sistema de saúde e pelas nossas consciências), mas sem nos apegarmos ao medo da doença, ao individualismo e a pensamentos depressivos, foram fundamentais tanto para atravessar a pandemia e o confinamento quanto para retomar a vida depois. Agora, olhando para tudo isso, "quase" de longe, dou graças a Deus, à minha forma de pensar/agir, à oportunidade de trabalhar em algo que fez e faz a diferença para muitas pessoas.

Sobre esse período, outro dia uma pessoa me perguntou: "Como você fez para atravessar o momento da Covid-19, vivendo sozinha e longe da família? Não teve medo, não entrou em depressão?".

Eu, que ainda não tinha refletido sobre o assunto, como agora, só respondi: *"Não deu tempo. Era tanta coisa para fazer, para pen-*

sar, que não tinha tempo para pensamentos depressivos". Nem eu e, acredito, nem muitas pessoas que trabalhavam servindo outras, na Refood ou em qualquer outro lugar. O Poder do Propósito que tínhamos e que temos protegeu-nos, se lembrarmos que recebemos aquilo em que pensamos diariamente.

Como me mudei daquela cidade, eu não sei se alguém contraiu a doença depois, mas, como a vontade de ajudar ia, e vai, muito além disso, com certeza encarou com outra mentalidade.

Além do trabalho no voluntariado, no mesmo período eu estava me preparando para outro projeto, a entrada no doutoramento, escrevendo a justificação pedida pela universidade, estudando o tema que queria desenvolver, coisa que fazia nas "horas de folga". Para divertir-me, fazia o que chamava de *"individual dance in house"* (nome que inventei, quando colocava músicas alegres e dançava sozinha por pelo menos uma hora), ou seja, tinha objetivos que não deixavam espaço mental para coisas negativas. Sinto-me abençoada por isso e considero a atitude de pensar positivamente, ter um Propósito de Vida que visa a algo maior, como benefícios para atravessar e superar as consequências trazidas pelo coronavírus e pela pandemia causada por ele.

Para finalizar o capítulo sobre mentalidade positiva, e a propósito da doença aqui tratada, a minha mãe, com 85 anos, inúmeros problemas de saúde, inclusive cardíaco, pulmonar e renal, contraiu o tal vírus, mas não deixou que ele a derrubasse mental e emocionalmente. Eu digo que ele entrou nela, mas ela, com a sua mente positiva e seu Propósito de viver, não entrou na dele. Ela falava "aquele vírus", como se ele estivesse muito distante dela, e, na verdade, mentalmente, estava. Ela, com a bênção de Deus, os cuidados que recebeu e sua forma de pensar, curou-se, assim como meus irmãos e cunhado, que também tiveram.

> *"E ele lhe disse: Filha, a tua fé te salvou; vai em paz, e sê curada deste teu mal"*.[57]

Creio que esse ensinamento do nosso Grande Mestre ilustra muito bem o que aconteceu à minha mãe e a tantas outras pessoas que, como ela, conseguiram curar-se.

---

[57]   Jesus, Marcos 5:34.

Além dessas experiências, tão fáceis de serem praticadas no dia a dia e que, por conta do nosso estado mental ou de espírito menos alegre, menos feliz, muitas vezes, deixamos passar ou fazemos automaticamente, existem muitas outras formas de exercitar uma atitude mental elevada que traga benefícios tanto para a própria pessoa quanto para outras.

Para começar, vou falar da aceitação, ou aquilo que entendo como a capacidade de receber de bom grado o que a vida trouxer, inclusive as mudanças, transformando e aproveitando seja o que for, como aprendizado para o hoje, o amanhã, e para levar adiante os nossos Propósitos de Vida. Vem comigo.

Aceitando a circunstância,

o fato, o problema como se apresenta no momento,

a responsabilidade passa a ser a capacidade de ter

uma resposta criativa para aquela situação como ele

se apresenta no momento. Todos os problemas

contêm em si as sementes da oportunidade. A

consciência disso permite transformar esse momento

numa situação ou numa coisa melhor.

Quando você faz isso, todas as situações inoportunas

conterão em si uma oportunidade para a criação de

algo novo e belo.

(Deepak Chopra)[58]

---

[58] CHOPRA, 1994, p. 50.

15

ACEITAÇÃO

No momento em que você aceitar completamente a sua intranquilidade, ela se transformará em paz. Qualquer coisa que você aceite completamente vai lhe levar até lá, vai levar você até a paz.

(Eckhart Tolle – O poder do agora)

No pensamento do escritor indiano Deepak Chopra, "aceitar significa simplesmente assumir o compromisso de aceitar pessoas, situações, circunstâncias e fatos, da maneira como se apresentam".[59]

Eu entendo que isso quer dizer, por exemplo, aceitar a si mesmo/a (aparência, cor, características específicas), aceitar os nossos erros assim como aquilo que julgamos ser erros de outras pessoas; aceitar experiências, mesmo sem entendê-las, no momento ou o motivo pelo qual ocorrem. Penso que isso é primordial quando vivemos e trabalhamos guiados por um Propósito que tenha como princípio trazer bem-estar, motivação, entusiasmo, para nós e, no que for possível, para outras pessoas.

Aliás, em relação ao julgar, quero falar uma coisa que acho importante: não julgar, não fazer juízo de valor negativo e sem a intenção de ajudar ou melhorar, seja sobre si mesmo ou quem quer que seja, está na base de um dos maiores ensinamentos que a nós foram deixados há muito tempo. Assim, ao aceitar que somos passíveis de erro, como qualquer outra pessoa, estamos compreendendo que, independentemente dessa ou daquela crença, raça, títulos e/ou conhecimentos acadêmicos, somos diferentes e estamos em diferentes níveis de evolução, entendimento das coisas que nos rodeiam ou acontece, e que tudo isso tem grande importância nas atitudes e nas decisões que tomamos.

Nesse rol de situações ou oportunidades de crescimento, podemos acrescentar a aceitar a vida que nos foi dada ou, mais

---

[59] CHOPRA, 1994, p. 48.

precisamente, presenteada (confesso que essa foi uma das minhas maiores dificuldades, até entendê-la como uma bênção divina, uma oportunidade para evoluir como pessoa), e aceitar o/a outro/a como ele/ela é e as coisas que nos acontecem, sobre as quais, muitas vezes, não temos o controle e como resolver com as nossas próprias mãos.

Enfim, para mim, aceitar significa sentir-me em paz mesmo diante de determinada ocorrência ou situação de vida que não seja aquela que quero, que esperava ou que não seja tão positiva. Isso também envolve pessoas. A propósito, esse é um ponto interessante e, às vezes, difícil de entender ou receber com alegria.

Digo isso por experiência própria, pois, quase sempre, quando me acontecia algo desagradável envolvendo, principalmente, pessoas com as quais eu tinha um vínculo de amizade ou profissional mais profundo e significativo, que acreditava jamais perder, ou que alguma coisa pudesse comprometê-lo/a negativamente, eu perdia muito tempo me culpando, tentando entender como/por que a pessoa havia agido daquela forma ou o que eu havia feito de errado.

Vivi isso algumas vezes, muitas delas envolvendo pessoas nas quais confiava plenamente e que tinha como verdadeiros/as irmãos/ irmãs (que considero um dos vínculos afetivos mais lindos e fortes que podemos ter. Um/a irmão/irmã, no meu entender, é dos maiores presentes que o Criador nos oferece para aprendermos a amar, a conviver, a partilhar, a cuidar).

Nesses momentos não percebia, como percebo hoje, depois de alguns aprendizados, que eu estava querendo entrar dentro do coração da outra pessoa, onde ela devia guardar seus sentimentos, suas emoções e suas razões mais íntimas, a fim de entender atitudes e palavras dirigidas a mim e que, muitas vezes, contrariavam suas atitudes e palavras anteriormente ditas em momentos "amigáveis".

Aprendi com o escritor e conferencista Kau Mascarenhas,[60] em seu livro *Mudando para melhor: programação neurolinguística e espiritualidade*, que pode acontecer de uma pessoa descarregar em outra, hoje, aquilo que a magoou no passado e que ela não conseguiu aceitar. Às vezes, passam-se meses, anos, ou até uma vida com aquela situação não resolvida presa dentro de si, até chegar um

---

[60] MASCARENHAS, Kau. *Mudando para melhor*: programação neurolinguística e espiritualidade. Contagem: Altos Planos, 2006.

momento em que, diante de algo ou alguém que a contrarie, ela não consegue segurar e descarrega na pessoa que está na sua frente, muitas vezes numa situação insignificante, arrependendo-se depois.

Uma forma de explicar a minha atitude de querer saber como e por que outras pessoas agem ou agiram comigo, independentemente do contexto, é: desejar entrar no jardim do/a outro/a, onde ele/a planta e cultiva as mais belas flores, assim como aquelas que, aos nossos olhos, não são tão belas. Muitas vezes, o pior é, além de querer entrar, almejar mexer nesse jardim, tirar uma plantinha, algo, no meu entendimento, hoje, inadmissível, pois seria invadir um espaço único e onde, apenas aquele/a que o cultiva tem esse direito.

O que a pessoa sente e faz é responsabilidade dela e cabe a mim, ou a qualquer outra pessoa, ser e estar bem consigo mesma para que as palavras ou atitudes de quem quer que seja não nos atinja negativamente. Isso significa ser autoconfiante, dono de si, dos seus pensamentos e sentimentos, e vacinado/a contra os males alheios.

Depois de muita caminhada e alguns passos em sentido contrário, aprendi que o que podemos é oferecer-lhe novas e diferentes sementes, um adubo, com base "certificada" pelas Leis Divinas, pelas Leis do Universo, que entendemos como de melhor qualidade, porém deixando o jardineiro livre para aceitar ou não, pois a terra daquele jardim é dele e é sagrada, e não devemos colocar a nossa mão, principalmente sem a permissão e vontade do/a dono/a. Podemos e devemos ser um cultivador positivo do nosso próprio campo interior. Só isso.

Voltando à aceitação, é importante destacar também que as coisas boas, assim como as situações difíceis, não duram para sempre. No Universo tudo tem o seu ciclo e a vida atende a um propósito maior, não é estática, é ativa, é movimento. Para além disso, se prestarmos atenção e tivermos um pouco de paciência, mesmo das coisas "aparentemente" ruins podemos tirar bons aprendizados, que podem nos levar a coisas melhores.

Por isso é preciso deixarmos as coisas fluírem sem colocarmos resistências, sejam elas quais forem, como ensina o escritor alemão Eckhart Tolle. De acordo com o seu ensinamento, é a nossa resistência diante das coisas, pessoas ou situações que não aceitamos, que não deixamos fluir ou ir embora, que cria o sofrimento que, muitas vezes, nem os lembramos como, quando e onde começou. Sobre isso, ele diz:

> A maior parte do sofrimento humano é desnecessária. Ele se forma sozinho, enquanto a mente superficial governa a nossa vida. O sofrimento que sentimos neste exato momento é sempre alguma forma de não aceitação, uma forma de resistência inconsciente ao que é. No nível do pensamento, a resistência é uma forma de julgamento.[61]

Esse julgamento do qual fala o autor provém da nossa forma de ver e sentir os acontecimentos que, nesses casos, pode ser um sofrimento gerado por alguma situação ou pessoa que consideramos ruim, inaceitável, e a que resistimos.

Nesse sentido, Tolle, em outra obra, *Praticando o poder do agora*,[62] diz que a não aceitação, a resistência constante às situações adversas, pode levar a pessoa a passar a identificar-se com o sofrimento gerado por elas. É como se fosse uma espécie de "apego", chegando ao ponto de ter dificuldades em livrar-se do sofrimento, não por falta de oportunidade, de ajuda, mas por sentir como se aquilo fosse parte dela ou ela própria.

Quer um exemplo? Já você já deve ter conhecido alguém que disse: "A minha depressão", "A minha dor"; "A minha doença", como que tivesse tomado posse disso ou isso dela. Penso que foi a forma de pensar contrária a essa que ajudou a minha mãe a livrar-se da doença do coronavírus, como escrevi anteriormente. Ela nunca "tomou posse" do vírus, pelo contrário, manteve-o mentalmente longe dela.

Outra coisa interessante que aprendi e com a qual é preciso tomar cuidado é perceber se a pessoa (nós mesmos/as ou outras) não está aproveitando-se de uma determinada situação para obter atenção, afeto, cuidados... Sim, isso também acontece. Não estou dizendo que alguém com depressão faça isso conscientemente, e mesmo se estiver fazendo, não está devidamente consciente e precisa de tratamento, ajuda e cuidados. Mas se observarmos,

---

[61] ECKHART, 2010, p. 25.

[62] TOLLE, Eckhart. *Praticando o poder do agora*. Tradução de Iva Sofia Gonçalves Lima. Rio de Janeiro: Sextante, 2005.

é mais comum as pessoas preocuparem-se com alguém doente, aparentemente frágil, triste, do que com alguém feliz, alegre, de bom ânimo e mente positiva. Pensemos a respeito.

Outro dia li uma frase do psiquiatra e psicoterapeuta Carl Gustav Jung, que dizia assim:

> *"Eu não sou o que me acontece, eu sou o que escolho me tornar".*[63]

Como ele, penso que nós não precisamos tornarmo-nos nas coisas que nos acontecem, sejam de qual natureza for, mas aceitá-las e aproveitá-las como oportunidades para o nosso autoconhecimento, nosso crescimento, o desenvolvimento de novas habilidades, atitudes positivas, e para praticarmos o que já aprendemos até que o aprendizado transforme-se em um hábito.

Em outra referência sobre aceitação e resistência, no meu livro *Uma história de sucessos: experiências e valores construídos na concretização de um projeto de vida* (2010), no capítulo "Disciplina", trato do assunto relacionado com a dificuldade em aceitar as mudanças que, muitas vezes, são inevitáveis na nossa vida. Observe o trecho a seguir:

> *Se pretendes sair-te vencedor/a na vida, saibas que um dos maiores entraves para isto chama-se resistência as mudanças, e que essas mudanças devem começar primeiro em você, de dentro para fora. Mudar a nossa aparência é fácil, basta que troquemos de roupas ou cortemos os cabelos, mas, mudanças que realmente dão resultados, ninguém vê, apenas nós as sentimos e os outros as percebem. Se não estiveres disposto/a a mudar-se interiormente é bom repensar tuas metas. Elas valem mesmo tanto esforço? [...] Procurar ter uma visão mais positiva de acontecimentos antigos e saber aproveitá-los como ponto de partida ou caminhos para novas conquistas. Esta deve ser uma atitude constante para o candidato ao sucesso.*[64]

Assim pensando, aceitar a vida, enfrentar as situações com bom humor; com perspetivas positivas e procurando qual ou quais

---

[63] JUNG, Carl (1875-1961). Disponível em: https://www.womantobe.com.br/2018/05/eu-nao-sou-o-que-me-aconteceu-eu-sou-o-que-escolho-me-tornar/. Acesso em: 13 dez. 2021.

[64] SANTOS, 2010, p. 100.

aprendizados podem ser retirados de tudo, poderá ser o melhor caminho. Acredite, sempre tem coisas muito boas; surpresas agradáveis e diversas lições a serem aprendidas e levadas adiante, que podem fazer do/da protagonista um farol para outras pessoas. Este é um dos "poderes" de um Propósito de Vida.

Quando aceitamos e vemos as coisas, situações, pessoas com bons olhos, podemos ser luz para outros/as, como ensinou-nos Jesus: *"Se os teus olhos forem luz, todo o teu corpo será cheio e luz"*,[65] ou seja, passamos a representar essa luz nos nossos aprendizados e comportamentos, em nossas atitudes e ações, de forma a contribuirmos para que aqueles que nos veem, ouvem e cruzam os nossos caminhos possam aprender, se for da vontade deles e se sentirem necessidade.

Foi isso que Ele fez e tornou-se luz para muita gente há mais de dois mil anos. Aliás, pelo que conta a história, Sua vida foi repleta de mudanças de todos os tipos, e ele sempre as aceitou, ensinando com e a partir delas. Além dEle, outras tantas pessoas iluminadas desconhecidas e/ou conhecidas como Francisco de Assis, Buda, Gandhi, Madre Teresa de Calcutá, Francisco Cândido Xavier, Nelson Mandela etc., aprenderam com Ele, fizeram suas escolhas por Propósitos atemporais e deixaram ensinamentos para quem quisesse aprender.

Enfim, aceitar algo ou alguém que contrarie as nossas vontades, nossos sonhos e nossas expectativas não é e nunca será fácil, mas penso, por minhas próprias experiências, que é o melhor caminho, a melhor atitude a ser tomada para seguirmos adiante com paz na alma e a intenção de realizar os nossos propósitos muito mais fortalecidos. Hoje, quando me deparo com uma situação desagradável que envolve outra/s pessoa/s, paro e faço os seguintes questionamentos para mim mesma:

- O que que é meu que pode estar refletindo nessa pessoa e por isso me desagrada, incomoda-me?

- Quantas vezes eu já devo ter feito algo desagradável para alguém?

---

[65] Mateus 6:22. Bíblia Sagrada on-line. Disponível em: https://www.bibliaon.com/versículo/mateus_6_22/. Acesso em: 22 jul. 2022.

- Ela/ele não é isso, deve ter agido assim por algum motivo e talvez eu nem seja o alvo (como eu disse anteriormente, nem sempre somos os verdadeiros alvos, mas apenas alguém que estava naquele lugar, naquele momento).

- Se eu estivesse no lugar dessa pessoa, será que não faria a mesma coisa?

- O que eu posso aprender com isso?

Estas atitudes e essa forma de pensar fazem com que eu aprenda alguma coisa com a situação, não guarde mágoas, não julgue o outro/a e olhe para os meus próprios erros. Outra coisa importante é que esses são questionamentos que podem e devem ser feitos, também, diante das situações felizes, positivas, que encontramos e/ou recebemos, pois, como citado lá atrás, de tudo, de todas as experiências nós podemos tirar aprendizados e exemplos, a serem seguidos ou não.

Outra ideia fundamental a ter em mente é:

> Aceitar uma determinada circunstância ou situação de vida não é acomodar-se e deixar as coisas como são ou estão, sem fazer algo para mudar. Aceitar é agir, conscientemente de que está a fazer o melhor que está ao alcance e permitir que as coisas fluam, sigam seus rumos, cumpram seu tempo.

"Para tudo tem um tempo debaixo do céu".[66] – Lembra-se desse ensinamento? Eu aprendi muito com ele.

Tem outro ditado popular que diz: *"A tudo que eu dou mais atenção cresce melhor, expande-se, cresce".* Assim sendo, pense: se você estiver atravessando uma situação desagradável em qualquer setor da vida, se agarra-se a ela, seja por medo, raiva, mágoa ou por qualquer outro sentimento dessa natureza, a tendência é que a situação perdure, que faça-te mal, comprometa a sua saúde, até que você a deixe ir embora. Então, em qualquer situação ou circunstância de vida que não te agrada, entregue-a a Deus, ao Universo, como quiser ou acreditar, e aceite-a.

Sobre essa ideia da entrega eu gosto da frase:

---

[66] Eclesiastes 3:1-8.

"Entrega é a sabedoria simples, mas profunda, de nos submetermos e não de nos opormos ao fluxo da vida".[67]

A entrega é um sinal de aceitação das coisas que acontecem na trajetória da vida, não para fazer de conta que está tudo bem, mas para, com uma mente positiva, consciente, tomar as decisões mais assertivas, adequadas e equilibradas para cada situação.

Portanto praticar a aceitação! Eis aqui um grande sinal de sabedoria, de atitude mental positiva para agir, deixar a vida fluir e tudo acontecer como e quando deve ser.

Outra atitude que percebi ter sido fundamental para as minhas realizações e que é mais fácil de exercitar quando aprendemos a aceitar as coisas que nos acontecem, é dar um novo olhar para situações vivenciadas no passado, principalmente aquelas das quais não guardamos boas lembranças.

Muitas vezes, se não estivermos atentos/as, essas memórias transformam-se em bloqueios para novas conquistas. Assim, senti que era preciso dar-lhes um novo sentido e fui buscar ressignificá-las, perceber o que poderia aprender com elas e mudar a cara do meu passado. Sim, ressignificar. Quer aprender um pouquinho mais sobre isso? Continue caminhando comigo.

---

[67] TOLLE, 2010, p. 77.

Certa vez alguém me disse: "O passado é história, o futuro é mistério, o presente é uma dádiva; é por isso que este momento chama-se 'presente'".

Se você abraçar o presente, unir-se a ele, fundir-se nele, experimentará o fogo, o brilho, a centelha de êxtase que pulsa em todos os seres sensíveis. Quando você começar a experimentar a exultação do espírito em todas as coisas vivas e à medida que for adquirindo maior intimidade com isso, sentirá o despertar de uma grande alegria interior e abandonará os terríveis fardos e empecilhos da defesa intransigente, do ressentimento e do sofrimento. Só então se sentirá leve, alegre, livre.

Alegre e livre, você sentirá em seu coração, sem a menor sombra de dúvida, que todos os seus sonhos estarão sempre disponíveis, porque seus desejos vêm da felicidade e não da ansiedade, ou do medo. Não é preciso se justificar. Simplesmente declare a si mesmo a intenção de experimentar satisfação, prazer, alegria, liberdade, autonomia em todos os momentos de sua vida.

(Deepak Chopra)[68]

---

[68] CHOPRA, 1994, p. 53.

16

RESSIGNIFICAR: QUANDO O PASSADO É ABRAÇADO COMO UM PRESENTE

Existem dois níveis de sofrimento: o que você cria agora e o que tem origem no passado que ainda vive em sua mente e no seu corpo. Deixar de criar sofrimento no presente é dissolver o sofrimento do passado.

(Eckhart Tolle)[69]

Outra atitude que tive de tomar e transformar em hábito (penso que isso é para a vida toda), e que considero como um presente trazido pelo meu Propósito de Vida, foi ressignificar os eventos e as experiências menos felizes vivenciados desde a minha infância, com a intenção de aproveitar deles os aprendizados significativos, guardar as boas lembranças e o que poderia ajudar na construção do presente e de projetos futuros.

Eu não poderia levar adiante a ideia de *"aprender sempre, desenvolver-me a partir desse aprendizado e levar adiante o que aprendesse para que outras pessoas também pudessem aprender"*, o "desenho" do que chamo de o meu Propósito, e continuar apegada às sensações e às emoções negativas trazidas da infância. Depois que aprendi isso, procuro olhar para trás e, ao rever mentalmente determinados acontecimentos pelos quais passei, pergunto-me: *o que posso aprender com isso hoje?* O que posso fazer para mudar os sentimentos e as lembranças menos alegres que ainda trago comigo, relativos a tal experiência? Nesses momentos, só encontro uma resposta: abraçar o passado e dar a ele um novo sentido, uma nova cara e uma nova emoção.

Esse processo, que não vou aprofundar aqui, por não ser essa a intenção do livro, chama-se ressignificar, ou, de acordo com a

---

[69] TOLLE, Eckhart. *O poder do agora* [recurso eletrônico]. Tradução de Iva Sofia Gonçalves Lima. Rio de Janeiro: Sextante, 2010.

"psicologia, atribuir outro significado a"[70] ou dar um outro significado para antigas experiências.

Nesse processo, os objetivos, além de "dar outro sentido" para aquilo que se vivenciou, é aproveitá-lo como oportunidade de crescimento pessoal, abrir espaço interno para receber coisas novas, libertar a mente de pensamentos e memórias negativas, de vitimizações, e pensar: *eu já passei por aquilo, não sou o que eu vivenciei, eu superei e segui em frente, portanto aquilo que me magoou não existe mais.* Assim, é hora de libertar também o coração de sentimentos indesejáveis, destrutivos, por exemplo, por meio do perdão e do autoperdão (se achar que é necessário a alguém e/ ou a si mesmo/a).

Outra coisa para se pensar é que, além de perceber na minha própria trajetória, li e ouvi pessoas bem-sucedidas ou de destaque mundial dizerem que quando fazem uma retrospetiva de suas vidas, quando olham para trás, para aquelas coisas antes não compreendidas, depois que as atravessam e estão vivendo algo significativo ou com com o qual sonhavam, parece que todas as experiências anteriores estavam alinhadas, como se fizessem parte de um plano traçado nos mínimos detalhes, para resultar no momento presente.

Uma vez vi o belíssimo discurso do empresário norte-americano e fundador da Apple, Steve Jobs (1955-2011), em uma cerimônia de formatura na Universidade de Stanford, em 2005, ao referir-se à sua história de vida e às suas descobertas e conquistas na inovação dos computadores, do qual transcrevo este pequeno trecho:

> *Foi muito assustador naquela época, mas olhando para trás foi uma das melhores decisões que já fiz. [...] É claro que era impossível conectar esses fatos olhando para frente quando eu estava na faculdade. Mas aquilo ficou muito, muito claro olhando para trás 10 anos depois.*[71]

Em outro exemplo, encontrado no filme *Dois Papas* (2019), que já mencionei neste livro, trago uma frase do então Papa Bento

---

[70] Disponível em: https://www.infopedia.pt/dicionarios/lingua-portuguesa/ressignificar. Acesso em: 11 set. 2021.

[71] MUSSI, Luciana Helena. A mensagem de uma vida por Steve Jobs. Revista Longeviver, 2011, p. 16. Disponível em http://www.portaldoenvelhecimento.org.br/revista/index.php. Acesso em: 25 nov. 2019.

XVI, interpretado pelo ator Anthony Hopkins, ao Cardeal argentino Jorge Bergoglio, interpretado pelo ator Jonathan Pryce, hoje Papa Francisco, quando este último referia-se, com tristeza, ao seu passado na época da ditadura argentina: *"A estrada parece reta quando olhamos para trás, mas, no caminho, as coisas são confusas".*[72]

Pensando assim e trazendo a mente para o momento atual, é hora de olhar para o que se tem, que se construiu com os próprios esforços, agradecer ao passado pelo que foi e pelas coisas boas que ficaram (sempre ficam muitas, basta ter olhos para ver e querer ver), e agradecer pelos erros cometidos, por, pelo menos, dois motivos: 1) somos seres humanos em evolução, passíveis de erros e acertos; 2) quem não tenta não erra e quem não erra, mesmo que faça a coisa certa na primeira tentativa, corre o risco de ficar sempre com uma única ideia de como fazer as coisas num mundo de possibilidades.

Esse também é momento para valorizar-se como o ser humano descrito, aquele dotado de forças inacreditáveis, de capacidade para viver o e no presente, desde que assim escolha e decida, com capacidade para sonhar, acreditar e realizar aquilo em que acredita.

Aqui, valorizo a ideia de viver e estar presente descrita por Tolle no livro *O poder do agora* (2010) e que, acredite, fez e faz toda a diferença na minha vida, a começar pela construção de atitudes mentais positivas, paz na alma e foco no meu Propósito. É como se eu fizesse uma limpeza interior e tirasse um imenso peso dos ombros.

> *"Aprendi que o passado é um lugar para visitarmos de vez em quando, a fim de buscarmos subsídios para melhorar, viver o presente e planejar o futuro. Nunca para fazermos morada definitiva" (a autora).*

Normalmente, com a prática desse exercício tenho percebido que não me sinto mais culpada de nada como me sentia antes, e não culpo outras pessoas, pois fica a sensação de que aquilo acabou contribuindo para as minhas conquistas e para me abrir novos horizontes. E como contribuiu!

---

[72] Filme: *"Dois Papas"*, 2019. Fonte: https://www.netflix.com/pt/title/80174451. Acesso em: 29 abr. 2021.

A propósito, por falar em abrir-se para novos horizontes, essa abertura pode começar com a forma de recebermos um novo dia e como pronunciamos duas palavrinhas tão simples – **bom dia** – para outras pessoas. Aqui pode estar uma das oportunidades diárias para começarmos a colocar em prática os nossos talentos e dons, e transformar a nossa realidade mental e, muitas de vezes, de quem as recebe. Como? Imagine-se vivendo o maravilhoso dia que desejo a você e vamos adiante!

Na minha caminhada, prendi a perceber que, na maioria das vezes, os acontecimentos indesejáveis inesperados, ou aquelas experiências menos boas, vieram para ajudar-me a ver, além de apenas enxergar, as belezas que estavam escondidas no meu interior; as quais eu deveria conhecer, transformá-las em uma obra minha, e entregá-las ao mundo como parte da minha contribuição individual.[73]

---

[73] SANTOS, Maria Aparecida dos. Livro De coração para coração: mensagens para aquecer a alma, 2022. s/p. Disponível em: https://www.youtube.com/watch?v=F_YJubKEJv4&t=63s. Acesso em: 28 out. 2022.

17

O PODER TRANSFORMADOR DE UM "BOM DIA!"

Qual é a tua primeira atitude ao acordar? Qual é o primeiro pensamento que te vem à cabeça? Você já parou para observar? Acredite: essa atitude ou pensamento pode fazer a diferença no seu dia.

(a autora)

Essa epígrafe refere-se a um exercício que aprendi a fazer todos os dias quando eu acordo: observar os meus pensamentos e agradecer pelo novo dia.

Eu sempre gostei de cumprimentar as pessoas onde chego, com um "Bom dia" que signifique realmente a vontade de que aquele seja um bom dia, independentemente da situação ou da experiência que estiver vivenciando ou de como estiver me sentindo. Outro costume meu sempre foi fazer duas coisas: uma é responder: "Está tudo bem, graças a Deus", quando alguém me dirige a pergunta: "Como você está?" ou "Como vai?" em um encontro ou mensagem virtual; a outra é falar "Bom diaaaaaa!". Sim, não é um bom dia qualquer, é um "Bom dia" com alma, com a vontade de que o dia seja mesmo especial, cheio de coisas boas (penso que, muitas vezes, acharam-me maluca por isso, sobretudo na época da pandemia do coronavírus, já citada neste livro).

Independentemente do que as pessoas podem pensar, assim faço até hoje, seja nos meus locais de trabalho, para conhecidos que encontro na rua, esteja um dia de sol, nublado ou com chuva, e sem levar em conta o meu estado interior; circunstâncias positivas ou nem tanto que estiver passando. Faço sempre um esforço para manter esse hábito.

Outro dia, ao chegar na instituição em que trabalhava, entrei e fui recebida pela senhora que verificava a nossa temperatura (uma prática exigida devido à pandemia da Covid-19) e, como sempre, disse-lhe "Bom diaaaaa!", aquele que sai de dentro do coração, com a minha vontade de que o dia dela fosse maravilhoso, até porque, o dia estava realmente lindo, um céu muito azul e o sol brilhando intensamente. Para minha surpresa, ela, segurando o termômetro, olhou-me nos olhos e falou: *"Sabe, menina (imagine a minha alegria ao ser chamada de menina aos 55 anos), o seu bom dia enche o meu coração de alegria. Ele muda o meu dia, pois eu sinto que você fala com a alma. Eu gosto tanto quando chega. Obrigada!".*

Eu olhei para ela, sorri e agradeci, pois, na verdade, era ela quem acabava de ajudar a transformar o meu dia. Eu só queria dar bom dia e recebi uma bênção daquelas. Conversamos mais um pouco e fui para a minha atividade, pensando em como algo tão simples, tão fácil de pronunciar e que não nos custa nada pode fazer tanta diferença na vida de uma pessoa. Agradeci a Deus por tudo isso.

Como escrevi na epígrafe do capítulo "Rede de contatos ou rede social", do meu livro *Uma história de sucessos: experiências e valores construídos na concretização de um projeto de vida*, acredito que

> *"Ninguém é tão forte que não precise de ajuda, algum dia, e ninguém é tão alegre que não precise de um sorriso de outra pessoa"*[74].

E isso podemos dar e receber gratuitamente. É só querermos, é só mantermos a mente positiva, atentos às diversas oportunidades que temos para utilizá-la no dia a dia, e dar um sentido útil àquelas experiências menos felizes.

Em outra experiência simples percebi a importância de agir com uma mente positiva. Quando percebi achei até engraçada, além de colocar em prática a ideia de desprender-me de algo com tranquilidade, mesmo que precisasse dele, e foi um momento em que também senti alegria por perceber isso e pensar na conhecida "lei do retorno", ou "lei do dar e receber"[75]. Vou chamar essa experiência de...

---

[74] SANTOS, 2010, p. 59.
[75] CHOPRA, 1994, p. 23.

18

O GUARDA-CHUVA PERDIDO

Um dos costumes que tenho depois que me mudei para a cidade em que vivo, Porto hoje, é verificar a previsão do tempo, já que ele é meio instável por aqui. Outro dia, ao olhar como estaria o clima pouco antes de ir trabalhar, vi que tinha a previsão de chuva para o final do dia, na hora em que eu sairia do trabalho. Vendo isso, apesar de não estar chovendo naquele momento, peguei um guarda-chuva e saí para apanhar o autocarro/ônibus. Durante o trajeto, que gosto muito de fazer, desliguei-me completamente olhando a paisagem e ouvindo música. E, assim, cheguei na paragem/ponto em que eu ficaria.

Desci, caminhei por mais ou menos seis minutos, entrei na instituição em que trabalhava; mudei de roupa no vestiário; fui para o local onde trabalharia, e só então lembrei-me do guarda-chuva, na certeza de que ele havia ficado no autocarro/ônibus. Não me lembrava de tê-lo pegado antes de descer nem de entrar com ele na instituição.

Naquele momento não dava para ir ao vestiário para verificar se estava lá. Então pensei: e agora? E se estiver chovendo quando eu sair? O mais interessante foi que mesmo antes de tentar responder esses questionamentos, eu pensei: que Deus abençoe a pessoa que o encontrar. E que seja alguém que precise muito dele, pois foi presente de uma amiga querida.

Pensando assim, continuei tranquilamente o meu trabalho até a hora em que iria almoçar, às 13h. Como fazia todos os dias, fui até o vestiário para pegar o almoço, que levava de casa, e qual foi a minha surpresa quando abri o meu cacifo (armário): o guarda-chuva estava lá dentro. Eu o tinha guardado sem perceber (sabe quando fazemos as coisas automaticamente? Foi bem isso que aconteceu).

O meu pensamento voltou lá na hora em que eu havia chegado, pensando que o tinha perdido e como pedi a Deus para abençoar quem o encontrasse. Não teve jeito, agradeci aos Céus e comecei a rir sozinha, de alegria e de mim mesma, pois, no final, acreditava estar recebendo a bênção que tinha pedido para outra pessoa. Lembrei-me da conhecida lei do retorno, que diz mais ou menos assim: "Tudo aquilo que desejamos para os outros volta para nós".

Sei que não foi a minha atitude mental positiva, que trouxe o guarda-chuva, ele já estava lá. Mas foi ela que fez com que eu encarasse a possível perda de forma tranquila; bem-humorada e desprendida, mesmo se tivesse que sair embaixo de chuva no fim do dia, até porque isso não seria um problema, pois eu amo caminhar na chuva.

Diante dessas experiências e da forma como reagi diante delas, o que quero deixar claro é que não são ideias novas, como já mencionei em alguns momentos anteriores, mas, que tudo isso está disponível nas mais diferentes maneiras de se ter acesso, para quem quiser e tiver vontade de aprender; de transformar a vida para melhor.

Eu as considero verdadeiros presentes ofertados ao mundo por pessoas de todos os tipos e lugares deste planeta, que as colheram de outras, transformaram-nas em lições e aprendizados e levaram adiante. No próximo capítulo trago algumas dessas pessoas que, com seu jeito de ser, de pensar e de agir nos ensinam que, realmente, *o homem é a mais elevada, perfeita e excelsa das criaturas* (Comenius, 1592-1670).[76]

---

[76] Livro *"Didática Magna"*, 1997, p. 41.

19

PESSOAS FANTÁSTICAS E SUAS MENTES MARAVILHOSAS

O pensamento positivo pode vir naturalmente para alguns, mas também pode ser aprendido e cultivado. Mude seus pensamentos e você mudará seu mundo.

(Norman Vincent Peale, 1898-1993)

Concordo com a ideia da epígrafe, do escritor Norman Vincent Peale sobre o pensamento positivo e acredito, de facto, que podemos mudar o nosso mundo, interior e exterior, com esse exercício transformado em hábito. É sobre essa atitude, que eu também a considero uma virtude, que falo agora.

Entre os milhares de exemplos de pessoas fantásticas que, como um Propósito de Vida, abraçaram e levaram suas experiências para o mundo na forma de ensinamentos e provando que tudo é possível quando se pensa, sente e age positivamente, eu cito aqui *Helen Keller*, a escritora, conferencista e ativista social norte-americana, surdo-cega (não via, não ouvia, não falava,comunicava-se, pelo sentido do tato, tocando o rosto da outra pessoa e por meio da escrita *"na palma da mão[77]"*) e, mesmo assim, com a ajuda, o afeto e uma imensa capacidade de acreditar no/a outro/a, da professora Anne Sullivan, estudou, trabalhou e viajou pelo mundo ensinando por meio de suas palestras e exemplos próprios.

Qual o segredo dessa mulher incrível, conhecida mundialmente e citada até hoje em conferências e obras literárias? Penso que ela

---

[77] A norte-americana Helen Keller (1880-1968) ficou conhecida como a primeira pessoa surdocega da história a conquistar um diploma de ensino superior. Para se tornar filósofa, escritora e ativista social, em uma época em que muito pouco se conhecia sobre a deficiência, ela enfrentou todo tipo de barreiras e preconceitos.
Sua história é retratada no filme O milagre de Anne Sullivan, de Arthur Penn, ganhador de dois Oscar, em 1962. Durante a sua jornada, ela recebeu o apoio de sua professora, Anne Sullivan, que a ensinou a se comunicar por meio da escrita na palma da mão. Fonte: https://feac.org.br/para-romper-isolamento-social-projeto-amplia-comunicacao-e-autonomia-de-pessoas-surdocegas/.

não se deixou acomodar nem abater-se devido às suas deficiências; ao contrário, com a sua força de vontade e mentalidade positiva levantou-se para o mundo, aprendeu, ensinou e construiu pontes humanas que a ajudaram a realizar seus objetivos, deixando um legado fantástico para a ciência e para a humanidade.

Dessa criatura extraordinária, o livro *Atitude mental positiva* (2015), citado anteriormente, traz um curto texto que pode mostrar e servir de inspiração e reflexão para qualquer um/uma que queira interpretar e aprender sobre o que significa pensar, sentir e agir de forma positiva, tanto em relação a si mesmo quanto em relação a outras pessoas:

> *Alguém que, pela bondade de seu coração, fala uma palavra útil, dá um sorriso incentivador, ou suaviza uma parte acidentada no caminho do outro, sabe que o prazer sentido é uma parte tão íntima de si que vive por ela. A alegria de ultrapassar obstáculos que antes pareciam intransponíveis e empurrar a fronteira da realização para mais longe – qual alegria é como essa?*[78]

Para mim, essas atitudes citadas por Helen Keller só são possíveis, de facto, para uma pessoa de mente positiva. Quanto à alegria que ela cita, eu diria que é algo incomparável; daqueles sentimentos que parecem iluminar-nos o coração e motivar-nos a continuar repetindo, só para senti-la novamente, como senti na experiência do "bom dia" relatada anteriormente.

Para além da escritora Helen Keller, há outros exemplos, como o médico neurocirurgião pediátrico Benjamim Carson, que, superando obstáculos pessoais e sociais, tornou-se mundialmente conhecido por seus trabalhos inovadores em favor da vida e da ciência; por exemplo, a separação de gêmeos siameses unidos pela cabeça.[79] John Forbes Nash Jr.[80] É outro exempo: gênio da matemática, apesar das dificuldades encontradas com a esquizofrenia, fez uso da sua "mente brilhante" e deixou sua marca como professor, até chegar ao prêmio Nobel em Economia, em 1994.

---

[78] HILL, 2015, s/p.

[79] Uma das passagens do filme *Mãos talentosas: a história de Ben Carson*.

[80] Disponível em: https://www.suno.com.br/tudo-sobre/john-nash/. Acesso em: 12 jan. 2022.

Além desses, existem outras centenas de mentes positivas que desenvolveram e desenvolvem coisas belíssimas, as quais são imprescindíveis na nossa vida, em todas as áreas de conhecimento, como a lâmpada, as vacinas e os remédios que salvam vidas, composições e inovações artísticas etc.

Falo, ainda, das Donas Marias e dos Sres. Josés, aqui, representando pessoas comuns do mundo, que com alegria, boa vontade e positividade, enfrentam todos os reveses que a vidas lhes apresentam e seguem trabalhando: plantam, colhem, ensinam, aprendem, cuidam, ajudam, com a intenção de transformar, para melhor o dia e/ou a vida de outras pessoas, valorizando-as, e também criando valores para si mesmos.

Outro ponto que considero importante sobre pensar positivamente é quando conseguimos trazer essa atitude para o autoconhecimento e o reconhecimento das nossas melhores qualidades e características, por meio dos autoconceitos, das autocríticas, da forma como nos sentimos ao olhar, diariamente, no espelho, principalmente da alma. É por meio deste último que conseguimos perceber quem somos, o que construímos e carregamos dentro de nós, sobre nós mesmos, independentemente do que ouvimos de outras pessoas.

Como escrevi anteriormente, muito do que pensamos e do que sentimos a nosso respeito, seja positivo ou nem tanto, vem das nossas experiências de vida, coisas que ouvimos de outras pessoas, situações que vivenciamos e tomamos como verdade.

Assim, para superar e transformar os pensamentos; sentimentos e autoconceitos menos agradáveis, uma sugestão é a pessoa aprender a reconhecer-se como alguém falível, como qualquer outra, mas também incrível, como qualquer outra, com boas qualidades e competências, bons valores etc. Ainda, reconhecer-se como filho/a de Deus e merecedor/a de dádivas e oportunidades de colaborar com a humanidade, pondo em prática seus dons e seus talentos (que são muitos em qualquer ser humano) na construção de um mundo mais feliz, começando por si mesmo/a. Essa é a base de por que ter um Propósito de Vida.

Aqui, alguém pode pensar que estou viajando, mas é assim que eu penso e que aprendo a cada dia mais: *"Que devemos come-*

çar onde estivermos, fazendo o que pudermos, com as ferramentas que tivermos nas mãos, no coração e, é claro, uma atitude mental motivadora".

Esse pensamento não é novo nem meu. É do ex-presidente dos Estados Unidos da América, Theodore Roosevelt, e cabe muito bem no contexto deste livro. Nesse sentido, penso que devemos aprender a reconhecer os nossos talentos e colocá-los a serviço do todo, ao invés de enterrá-los, escondê-los, como fez o servo descuidado na Parábola dos talentos ensinada por Jesus.

E digo mais uma coisa: é incrível quando vemos pessoas tirando seus melhores dons de dentro de si e semeá-los por onde passam. É tão simples e tão fácil! Pode ser numa conversa motivadora informal com colegas de trabalho, dentro de casa, com amigos, ou na forma de falar "bom dia". Eu, nesses momentos, sinto-me mais feliz, mais fortalecida e encorajada para enfrentar o que vier pela frente. É o que estou tentando fazer agora enquanto escrevo este livro.

Não acredito que nascemos neste planeta sem que tenhamos algo para realizar e partilhar com ele e com aqueles que aqui vivem e convivem em nossa companhia, seja família ou não. Acredito que cada pessoa é uma parte importantíssima da engrenagem que faz girar esta gigante "máquina", como disse o menino Hugo[81], do filme citado lá atrás, e que cada um/uma, com seus dons e seus talentos, com aquilo que é e que faz de melhor, por meio da busca e da realização dos seus sonhos/propósitos, tem o poder de transformar a si mesmo/a e ao meio em que vive.

Importa entender aqui que essa realização não precisa ser necessariamente algo grandioso aos olhos do mundo, mas que seja incrível, que traga paz, alegria, bem-estar e até ser um exemplo para outras realizações da própria pessoas ou de outras.

Alguém deve perguntar: como fazer isso? Não é tão simples assim. Não é fácil reconhecer as próprias qualidades e características positivas. "Eu não as tenho, não consigo ver, pensar ou sentir nenhuma". Acredite, ouço isso várias vezes e sei que é real, pois acontecia comigo. Então eu digo o contrário de tudo isso e posso garantir, a quem quer que seja, que qualquer pessoa tem caracterís-

---

[81] Filme: Hugo (GB/EUA) (2011).

ticas positivas, mesmo que não as reconheça. Só é preciso mudar a forma de olhar para si mesmo/a, como disse antes. Além disso, somos Essência Divina! Fomos criados à imagem e à semelhança do nosso Criador, portanto...

Para exemplificar, vou contar uma experiência que tive em um curso, no qual fui mediadora quando era docente. Acompanhe comigo esse lindo ato de reconhecimento de si mesmo.

20

A ALEGRIA DE RECONHECER E VALORIZAR QUEM E COMO SOMOS

De repente, eu olho no espelho e vejo outra pessoa, outro semblante, mais alegre, confiante... Inicialmente desconhecido, mas, ao olhar com mais atenção, percebo que aquela pessoa sou eu. Sim, agora eu consigo ver-me como e quem realmente sou e amo o que e quem eu vejo.

(a autora)

Há alguns anos eu estava mediando um curso que era parte de um concurso público. Era uma das últimas etapas, a parte que falava sobre a formação de desenvolvimento pessoal e humano. Era um grupo composto por vinte e poucas pessoas. Naquele dia, seguindo o tema proposto pela programação do curso, após uma conversa e uma dinâmica de grupo para descontrair e preparar a turma para a aula, eu propus a seguinte atividade: em uma folha em branco, os participantes deveriam seguir esta orientação:

escrever

- O nome.

- Uma ou mais características positivas que via em si, como um talento, forma de ser, de agir...

- Algo ou alguém em que/quem acreditasse.

- Um sonho/propósito.

Depois de explicada a atividade, qual o seu objetivo, assim como o de cada item proposto, todos começaram a fazer. Para o item, "Uma ou mais características positivas que via em si", um dos objetivos era que conseguissem olhar para si mesmos com uma visão positiva, de autovalorização; identificar competências, habilidades, valores e outras coisas que percebessem e quisessem apontar.

Eu fiquei observando o grupo. Este era o meu papel como mediadora naquele momento: estar pronta caso alguém precisasse de orientação ou ajuda, apesar de ser tudo muito pessoal. A sala ficou em completo silêncio, ninguém falava uma palavra ou brincava, como de costume (nossas aulas eram sempre alegres e divertidas, e todos falavam/participavam com tranquilidade e respeito), apesar de uma atividade, aparentemente, tão simples.

Num dado momento, percebi que um aluno parecia desconfortável com a atividade, olhava para os lados, para mim... Então eu fui até ele. O rapaz olhou-me e disse: "Não consigo, professora! Não vejo nenhuma característica positiva em mim". Ele não estava brincando.

Eu, como mediadora, não podia falar as inúmeras características positivas que havia observado nele desde o início do curso, mas deveria ter o cuidado para não desanimá-lo e desmotivá-lo ainda mais, até porque ele tinha completado o restante da atividade: nome: ele colocou o dele, significando que se reconhecia como uma pessoa, pelo nome e o valorizava (acredite, em outros cursos encontrei pessoas que tiveram essa dificuldade); um sonho: passar no concurso; algo ou alguém em que/quem acreditasse: Deus (aqui, alguns colocaram a si próprios, família, mas a maioria colocou Deus). Na característica positiva, esse rapaz, no entanto, não conseguia ver nada de bom em si.

Diante dessa situação, eu comecei a perguntar-lhe como tinha chegado até aquele momento do concurso, da vida pessoal, profissional e acadêmica, pois já era um profissional daquela área. Eu procurava mediar as suas respostas, no sentido de fazer com que ele percebesse o quão longe tinha chegado e que aquele era um feito para alguém com muitas características positivas. Voltamos para a sua vida pessoal, em que ele destacou que era casado, tinha uma esposa e filhos pequenos, e que os adorava. Formavam uma família feliz. No trabalho procurava fazer o melhor que podia na sua função, pelos colegas e/outras pessoas que aparecessem...

Depois de algum tempo, ele conseguiu verbalizar que "achava" que era uma pessoa inteligente, por tudo o que tinha atravessado e superado na vida, pelo que havia conseguido, inclusive passar nas etapas anteriores do concurso. Era tudo o que eu precisava e queria ouvir para ajudá-lo a completar a atividade. No final, ele, feliz pelo que agora conseguia ver em si, colocou mais de uma característica positiva, justificando-as.

Esse era um exercício individual e pessoal, mas, caso quisessem, a atividade poderia ser partilhada com o grupo. Quase todos quiseram partilhar, e foi interessante que outro rapaz, que estava sentado ao lado daquele que eu auxiliei e tinha ouvido a conversa, quando ele partilhou sua atividade, lembrou-o do quanto ele era companheiro e amigo, e que levava lanches para dividir com os amigos do curso... Ele tinha inúmeras características belíssimas, só não as percebia por manter uma mentalidade negativa sobre si mesmo, não conseguia ver-se como e quem realmente era. Ele **precisava ver além do que enxergava**. Quando conseguiu isso, meu Deus, a sua alegria foi imensa.

Com a mediação e as dificuldades trazidas por esse rapaz, reforcei o aprendizado em relação às experiências que temos. Tive ainda mais certeza de que **o mais importante não é a vida como ela se apresenta a nós, mas o que fazemos com o que a vida nos presenteia**: as experiências agradáveis ou não, as opiniões de outras pessoas a nosso respeito, o que aprendemos com o que ela traz, qual a influência (positiva ou nem tanto) que permitimos que isso tenha ou traga para a nossa trajetória e até para o meio em que vivemos, experiências representadas nos nossos comportamentos e atitudes, enfim, nas marcas que deixamos por onde passamos. Esse aluno foi-me mais um dos mestres que a vida colocou no meu caminho. Com ele e com as suas dificuldades, eu também aprendi o quanto

> Conhecer-se, explorar a nossa paisagem interior, compreender as nossas necessidades, os nossos pontos fortes e, é claro, as nossas fraquezas, é essencial para que possamos, com sabedoria, abraçar a nossa responsabilidade na vida" [...]. E ainda que "Ser humano implica não apenas conhecer-se e aceitar-se a si mesmo, mas também confiar e abrir-se à comunidade de seres humanos da qual fazemos parte".[82]

Sinto que nesse pensamento e nas realizações a partir da sua prática está o Poder do Propósito de estarmos aqui e uma das grandes alegrias da vida, pontos-chave para vencermos situações como a que vamos encontrar a seguir.

---

[82] GARCIA, 2019, p. 14.

21

E QUANDO É UMA EXPERIÊNCIA DIFÍCIL DE ACEITAR?

Quando se fala em perdoar, pensamos logo em perdoar alguém, mas o perdão também pode ser em relação a nós mesmos ou a uma situação do passado, presente ou futuro que a nossa mente se recusa a aceitar.

(Eckhart Tolle)

Para finalizar o tema da importância de se ter uma mente positiva, trago como exemplo uma daquelas experiências da qual só conseguimos falar abertamente e sem que doa quando já conseguimos superá-la.

Assim, voltando um pouco atrás, entre aquelas que acredito serem as situações mais difíceis para se pensar positivamente a respeito, como já mencionado, cito aquelas que envolvem alguma coisa que tenhamos feito e que nos arrependemos, em relação a nós ou a outras pessoas, circunstâncias etc.

Penso isso pelo facto de que, para vencê-las, temos que lutar contra algo não visível; não físico e, principalmente, contra nós mesmos/as; contra nossos sentimentos, instintos, vontades, paixões, aqueles que temos a consciência de que são prejudiciais ou que podem levar-nos a causar um desconforto, um problema, para a nossa vida ou para a vida de outros/as.

Um exemplo?

Alguém que esteja lendo este livro já tentou perdoar ou não guardar ressentimentos, mágoas, de uma pessoa que tenha lhe feito alguma coisa extremamente dolorida, "tirado" algo/alguém que amava ou outro motivo que considerava importante? Já tentou perdoar-se, basicamente, pelos mesmos motivos? Sim, cito essas ações (perdoar, perdoar-se, não guardar ressentimentos) por, muitas vezes, serem as mais difíceis e complicadas de se colocar em prática, já que estão ligadas aos nossos sentimentos mais íntimos, a algo ou alguma coisa que toca o nosso coração de forma tão forte que deixa uma marca profunda.

Para entender melhor, além de uma experiência pessoal trago uma definição da palavra perdão encontrada no livro de James C. Hunter, *O monge e o executivo*: "Perdão – desistir de ressentimento quando enganado".[83]

Se permite-me o ilustre autor e a obra, que tenho como um compêndio de belos ensinamentos, eu acrescentaria que o perdão é, ainda,

> *"desistir de ressentimento' em qualquer situação ou acção que cause-nos sofrimento, descontentamentos ou contrariedades de qualquer natureza. Aqui, eu incluiria, também, o auto perdão, ou seja, perdoarmo-nos, do que quer que seja ou sentimo-nos culpados/as".*

Exemplificando com uma experiência própria, peço licença para voltar, mais uma vez, ao meu livro, *Uma história de sucessos: experiências e valores construídos na concretização de um projeto de vida*, e sobre o que motivou a promessa que fiz a mim mesma: aprender a trabalhar e voltar a estudar quando pudesse. Vou dar o nome de: perdão e autoperdão: verdadeiros presente para a vida toda. Quer conhecê-los? Continue comigo.

---

[83] HUNTER, James, C. *O monge e o executivo*: uma história sobre a essência da liderança. Tradução de Maria da Conceição Fornos de Magalhães. Rio de Janeiro: Sextante, 2009. p. 81.

22

PERDÃO E AUTOPERDÃO: VERDADEIROS PRESENTES PARA A VIDA TODA

Perdoar, da forma como entendo, não significa concordar com o outro e achar certo o que ele nos fez; é, acima de tudo, libertarmo-nos dele e do que ele fez, permitindo-nos viver os nossos sonhos e propósitos. O mesmo vale para o auto perdão, libertando-nos de nós mesmos.

(a autora)

Como descrevi no capítulo 2, "As marcas que deixamos pelos caminhos", o meu pai tirou-me da escola por ter sido reprovada junto a toda a turma da classe. Assim, além de deixar de estudar, que era o meu maior sonho naquele momento, não tive a oportunidade de realizar outro: usar a cartilha *Caminho suave*, que iríamos começar. Sei que isso pode parecer uma coisa boba (hoje, até eu mesma acho isso e até vejo com bom humor), mas, naquela época, não era para mim. Enquanto algumas crianças sonhavam com bonecas, bicicletas ou nem sequer mencionavam sonhos devido à situação de pobreza em que vivíamos, para mim, a tal cartilha era o meu "sonho de consumo".

O meu pai, assim como outros, sem olhar para o contexto escolar e o facto de que nenhum aluno/a tinha sido aprovado/a devido à falta de professores durante o ano letivo (era uma escola em área rural, situada em uma fazenda de café), acreditava que a culpa era minha e que eu nunca iria dar conta de aprender, de estudar. Segundo ele, a partir daquele momento eu teria que aprender a trabalhar. Sair da escola era saber que deixaria os meus sonhos para trás e que, provavelmente, nunca os realizaria. E alguns não realizei mesmo, como usar a cartilha *Caminho suave*.

Como o meu pai queria, fui aprender a trabalhar e só consegui voltar a estudar na adolescência, para recomeçar de onde havia parado: o início da 2ª série primária, em um curso para adultos, à noite, em que se estudava dois anos em um. Assim eu fiz, contando com a minha vontade e a minha determinação, com ajuda de escolas e professores, que me emprestavam livros; e funcionários que providenciavam documentos que eu precisava sem cobrar nada.

Com toda essa ajuda e o meu esforço, fui adiante e cheguei à universidade, formando-me professora. Mas uma coisa que comecei a observar, mesmo depois de concluir a faculdade, inclusive participando da festa de formatura e tendo dançado a valsa com o meu pai,[84] como que provando para ele que eu tinha vencido, que eu tinha estudado, contrariando o que ele pensava, é que eu continuava sentindo uma tristeza e uma dor no coração inexplicáveis todas as vezes em que, por algum motivo, lembrava-me do ocorrido na minha infância.

Sentia uma mágoa imensa por ele não ter me deixado estudar na época certa por aquele motivo. Era algo para o qual eu não encontrava justificativa; não compreendia e não aceitava. Por que comigo, daquela forma, com aquele tratamento que se seguiu após a saída da escola?

Esse era um ressentimento que me fazia muito mal e que eu não gostava. Eu queria muito "limpar" aquilo de dentro de mim, mas não sabia como, apesar de pedir muito a ajuda de Deus. Até que me aconteceu algo interessante, uma daquelas bênçãos que a vida nos traz quando estamos abertos para perceber, receber e fazer todo esforço para colocá-la em prática.

Um dia, em uma conversa com a minha mãe, alguns anos depois que o meu pai havia falecido e eu tinha ido visitá-la, ela contou-me sobre a relação dele com o pai e o facto de meu avô ter feito basicamente a mesma coisa com ele – colocar o trabalho na roça como mais importante do que o estudo, principalmente para uma criança de 8 anos. Meu pai era uma pessoa muito inteligente, esforçada e comprometida em tudo o que se propusesse a fazer ou a qualquer tarefa que lhe fosse confiada. Ele era determinado e com uma vontade imensa de estudar, de aprender, tanto que com mais de 50 anos entrou em um curso de formação de adultos, à noite, depois de trabalhar na lavoura de café o dia todo.

---

[84] Uma prática nas conclusões de cursos universitários no Brasil (nota da autora).

Eu soube, nessa altura, que o pouco que ele sabia ler e escrever tinha aprendido por conta própria, um autodidata, lendo pedaços de jornal que encontrava, livros de contos que comprava e outras coisas. Era tão inteligente que mesmo sem escolaridade, fazia contas "de cabeça" (sem usar papel ou lápis), como orgulhava-se de dizer, compunha poesias e *repentes*[85] com maestria e uma beleza incrível.

Quando tomei conhecimento desses acontecimentos (e de outros que a partir daí comecei a buscar) na vida do meu pai, conheci melhor a sua história; um pouco dos seus sonhos, entre outras coisas. Descobri que um dos seus sonhos era ter sido escritor e percebi, então, como éramos parecidos, não só na aparência física. Imaginei que ele havia repetido comigo quase a mesma coisa que recebera do pai e das suas experiências de vida, e que o meu avô, por sua vez, não tinha tido uma história muito diferente. Sabe aquelas coisas que vão passando de geração para geração? Penso que é mais ou menos isso.

Aproveitei-me do conhecimento (aprendido na faculdade) de que, muitas vezes, levamos para a vida adulta os exemplos que temos dos nossos pais, as histórias se repetem. Lembrei-me de que não somos perfeitos e que eu não sei se não faria a mesma coisa, ou algo parecido, se estivesse no lugar dele. Procurei colocar em prática a empatia, ou seja, colocar-me no lugar dele, diante de todo o peso que imagino que ele carregava, dentro e fora de si, neste último caso, sentindo-se responsável por cuidar de uma família com 10 filhos e a minha mãe.

Assim, as coisas foram ficando mais fáceis dentro de mim. Era como se eu estivesse chegando na ponta de um fio e desenro-lando-o cada vez mais. Com a ajuda de pessoas incríveis, de livros que fui buscar para entender melhor o assunto, aprendi aquilo que venho falando: a importância de olharmos com os olhos da alma, de forma positiva e educativa, para as nossas experiências, de agora ou do passado, para que fiquem mais leves e sejam oportunidades para o nosso autoaperfeiçoamento. Assim, consegui dar um novo significado para tudo o que havia acontecido.

---

[85] Também conhecido por cantoria, é uma arte brasileira baseada no improviso cantado, alternado por dois cantores, daí o nome repente. Disponível em: https://pt.wikipedia.org/wiki/Repente. Acesso em: 27 nov. 2022.

Quando finalmente reconstruí a minha caminhada, como numa *timeline*, desde a infância até a idade adulta, agradeci e continuo a agradecer a Deus por ter conseguido estudar, realizar o meu sonho, mesmo que mais tarde do que o normal para tantas pessoas. O importante é que eu consegui.

Com tudo isso, aprendi a olhar para o meu pai com outros olhos, com o olhar da compreensão, do amor filial, de gente grande para gente grande. Agradeci e continuo a agradecê-lo, de coração. Tenho-o como um espelho para muitas das minhas ações, pois sei que ele fez o melhor que conseguiu, mesmo naquele momento.

Pelos conhecimentos acadêmicos e pela literatura que fui adquirindo, sei que nada justifica os ataques psicológicos, ou de qualquer natureza negativa, que se desfere contra outra pessoa, principalmente uma criança e, sobretudo, um/a filho/a. Mas também reforcei meu aprendizado com aquela ideia mencionada anteriormente, dessa vez trazida pelo escritor Kau Mascarenhas[86], em seu livro já citado nesta obra:

> *"O que faz a diferença na nossa vida, quando se trata, por exemplo, de uma situação como esta, não é o que o outro/a disse ou fez e sim como nós interpretamos o que recebemos e o que fazemos com aquilo que foi dito ou feito".*

Ao chegar nesse entendimento, tudo ficou mais claro e foi se resolvendo dentro de mim.

Alegro-me em dizer o quanto percebo que o meu pai foi – e sempre será –, uma pessoa incrível, com seus defeitos, fraquezas e fortalezas, como qualquer outra que nasce neste mundo, mas que, junto à minha mãe por mais de cinquenta anos, criou e educou 10 filhos sem deixar que faltasse os ingredientes principais para uma vida digna: o alimento material, o alimento espiritual e os bons exemplos.

Hoje, sinto-me em harmonia, em paz, comigo e com ele. Tenho certeza de que ao "perdoá-lo", mesmo tendo agora a consciência de que eu não tinha do que o perdoar, pois ele não era culpado de nada, **dei a mim mesma o maior presente que eu poderia dar-me**. E, ao

---

[86] MASCARENHAS, Kau. *Mudando para melhor*: programação neurolinguística e espiritualidade. Contagem: Altos Planos, 2006.

perdoar-me, tirei um peso do coração e da mente, pela situação que me recusava a aceitar, como bem explicado no livro *O poder do agora*, citado anteriormente. Aqui, sinto que tive um outro grande aprendizado para a vida toda:

> *Perdoar, da forma como entendi, não significa concordar com o outro e achar certo o que ele nos fez; é, acima de tudo, libertarmo-nos do que ele fez, permitindo-nos viver os nossos sonhos e propósitos. O mesmo vale para o auto perdão, aceitando-se como é; reconhecendo-se como seres humanos passíveis de erros, como qualquer outro, e libertando-nos de nós mesmos.*

> *(a autora)*

O mais interessante é que conforme fui amadurecendo, aprendendo a ressignificar as experiências mais difíceis e a construir uma forma positiva de compreender e aceitar a vida, percebi que tudo sempre esteve e está no tempo certo; aconteceu como deveria acontecer, para que eu pudesse tirar melhor proveito e aprendizado, principalmente em relação aos estudos.

Continuar culpando o meu pai por qualquer coisa seria afirmar que ele estava no controle da minha vida, do meu futuro, dos Propósitos para os quais eu nasci. E eu, hoje, sinceramente, acredito que ele não estava e que somos orientados por uma Força muito maior do que a nossa. Essa é uma crença minha.

Por conhecer-me um pouco mais e melhor hoje, sinto que se eu tivesse recebido todas as oportunidades de estudar na infância e na adolescência, talvez não desse o mesmo valor que dou agora; não teria construído a mesma caminhada com experiências que levo para as salas de aula; para palestras, para a literatura. Sobre esse "reconhecer-me", coisa que comecei a buscar por meio de estudos para autoconhecimento e outros exercícios/hábitos diários, descobri, por exemplo, uma predisposição para a acomodação, para o medo de passar por dificuldades e, por isso, não tentar algo novo, para confiar mais em outras pessoas do que em mim e em minha própria capacidade de realização, entre outras coisas que foram justamente as que fizeram a diferença na e para a minha caminhada.

A sensação de alegria, de paz e de motivação para outros sonhos, a certeza do Poder que um Propósito tem na nossa vida, quando abraçado com vontade de melhorarmos, é difícil de descrever; depois de vencer tudo isso e conseguir realizar, dentro e fora de mim o que eu consegui. É algo difícil de dimensionar. Resolver as dificuldades da experiência com o meu pai e sentir como me sinto agora, em paz comigo mesma, faz-me entender o significado destes pensamentos: *"O perdão vem de um coração aberto, vem sem condições, ou não vem"*[87] e *"O perdão liberta a alma, ele afugenta o medo. Por isso é uma arma tão poderosa".*[88]

Eu complementaria com a ideia de que para perdoar-se e/ou perdoar alguém é preciso, entre outros desenvolvimentos, a educação do coração, dos sentimentos e da mente. Primeiro para vencer a si mesmo/a, não mediante uma guerra interna ou externa, mas do reconhecimento de si e do outro/a como seres humanos em evolução, capazes de errar, porém com inúmeras virtudes, capacidade para compreender, amar, aceitar, aprender, entender... É isso mesmo. Aqui, além do Poder de um Propósito, para mim entra o Poder da Educação quando bem entendida. Vamos conversar sobre ela, a Educação? Vem comigo!

---

[87] Filme *Graça e perdão* (*Amish grace*) (2010). Sinopse: No outono de 2006, a tranquilidade da pequena comunidade Nickel Mines, na Pensilvânia, Estados Unidos da América, foi abalada com um crime que ninguém poderia imaginar. Uma tragédia chamou a atenção de toda a nação, destacando outra visão sobre a vida e a morte e oferecendo uma inesperada lição sobre o perdão. Um filme baseado no aclamado livro *Amish grace*. Um relato verídico sobre um evento trágico, mas ao mesmo tempo inspirador e instrutivo [...]. Disponível em: https://www.interfilmes.com/filme_29511_Graca.e.Perdao-(Amish. Grace).html. Acesso em: 22 jun. 2022.

[88] Filme *Invictus* (2009). [...] "Uma história verídica, realizada por Clint Eastwood, que mostra como a inspiração para algo grandioso pode ser encontrada nas pequenas conquistas de um povo. Disponível em: https://cinecartaz.publico.pt/Filme/247278_invictus. Acesso em: 24 maio 2022.

Professor, "sois o sal da terra e a luz do mundo".

Sem vós tudo seria baço e terra escura.

Professor, faze de tua cadeira, a cátedra de um mestre.

Se souberes elevar o teu magistério, ele te elevará à magnificência.

Tu és um jovem, sê, com o tempo e competência, um excelente mestre.

Meu jovem professor, quem mais ensina e quem mais aprende?...

O professor ou o aluno?

De quem maior responsabilidade na classe, do professor ou do aluno?

Professor, sê um mestre. Há uma diferença sutil entre este e aquele.

Este leciona e vai prestes a outros afazeres.

Aquele mestreia e ajuda seus discípulos.

O professor tem uma tabela a que se apega.

O mestre excede a qualquer tabela e é sempre um mestre.

Feliz é o professor que aprende ensinando.

[...]

A estrada da vida é sempre uma reta marcada de encruzilhadas.

Caminhos certos e errados, encontros e desencontros do começo ao fim.

Feliz aquele que transfere o que sabe e aprende o que ensina.

[...]

(poema "Exaltação de Aninha (O Professor)" - Cora Coralina)[89]

---

[89] CORALINA, Cora. *Vintém de cobre*: meias confissões de Aninha. 9. ed. São Paulo: Global, 2007). p. 163.

23

EDUCAÇÃO: UM PREPARO PARA O PROPÓSITO DE VIDA POR MEIO DA PRÓPRIA VIDA

O mundo é uma escola que dá-nos a oportunidade de aprender a ser, a viver e a conviver, com nós mesmos/as e com os outros/as com quem dividimos esta escola, a fim de cumprirmos o motivo para o qual viemos: o nosso Propósito de Vida.

(a autora)

Como e por que dedicar um capítulo à Educação, num livro em que se falando do Poder de um Propósito e de Propósito de Vida? Muito simples, se pensarmos que ela, a Educação integral de um indivíduo, é parte fundamental e inegavelmente primordial do Propósito da Vida. Sem ela, o indivíduo não evolui, não cresce, como diz o seguinte pensamento:

"Educar-se é crescer, não já no sentido puramente fisiológico, mas no sentido espiritual, no sentido humano, no sentido de uma vida cada vez mais larga, mais rica e mais bela, em um mundo cada vez mais adaptado, mais propício, mais benfazejo para o homem".[90]

Assim, e mesmo pela alegria de falar sobre uma das minhas maiores paixões, trago-a aqui, no sentido de que ela, pela sua grandiosa oportunidade para uma formação mais humanizada do ser humano, na minha opinião, pode ser vista como e para um Propósito de vida, seja em relação à Educação acadêmica e/ou em todos os seus outros formatos. Além disso, também não seria lá muito difícil se pensarmos que tanto a Educação escolar como aquela recebida na família, uma Educação formal ou informal; assim como o próprio ato de "educar", ficariam mancos sem um propósito que os

---

[90] TEIXEIRA, Anísio. A pedagogia de Dewey. *In*: DEWEY, John. *Vida e educação*. 10. ed. São Paulo: Melhoramentos, 1978, p. 17.

sustentassem. Ele pode até estar inconsciente, ou apontado com outros termos, mas, com certeza, existe.

Talvez, o que não exista (sem querer generalizar), seja uma intenção declarada e até comprometida por parte de quem "educa", de olhar para a formação integral do indivíduo; pensar no seu preparo para viver e conviver consigo mesmo e com o mundo, de forma mais humanizada, mais feliz; mas, sinceramente, não creio que o que uma pessoa se torna é simplesmente obra do acaso. Eu creio que houve, ou há, uma "razão", uma "motivação", um "motivo", que são as bases de um propósito, de vida ou não, e no resultado dessa educação, desse propósito (implícito), está o seu "Poder".

Sim, da forma como eu entendo o assunto Educação, no contexto de preparar para uma vida positivamente significativa, cabe muito bem aqui. E é por isso que o trago. Mas como começar a falar de algo tão sublime para a existência humana a ponto de transformá-la transformando a própria pessoa?

Começo falando do meu próprio Propósito de Vida e da minha intenção de aprender para ajudar no processo de aprendizagem de outras pessoas, das oportunidades de mediar e partilhar conhecimentos que recebi, dentro e fora da vida acadêmica, e onde conheci (e estou conhecendo) o quão bela é a **Educação,** em toda a sua extensão e independentemente de onde ou como é concebida.

Para defini-la da forma que sinto e penso, digo que o seu cerne está na oportunidade de aprendermos uns os com outros, independentemente de idade, condições, características individuais específicas e formação acadêmica, a fim de constituirmo-nos como pessoas mais humanizadas, de "contruirmo-nos através de outras pessoas" como ensina a sabedoria do Ubuntu[91] africano.

Também falo isso com base nas "fontes" de ensinamentos "indiretos" que consigo perceber no meu caminho, lembrando, aqui, daquele pequenino que, com a sua alegria e vontade (talvez inconsciente) de vencer uma "deficiência", ajudou-me a reconhecer os meus talentos/dons, encontrar o meu Propósito de Vida e caminhar para a sua realização. Com essa forma de pensar, vejo que ela, a Educação, e a capacidade de Educar (com os "Es" maiúsculos), estão, de facto, em todos os lugares, em todos os seres que compõem esses lugares.

---

[91] CONSÓRCIO UBUNTU, 2019, p. 185.

Hoje, com um pouco mais de propriedade devido às experiências vivenciadas (não apenas com base em estudos acadêmicos), acreditando que as oportunidades educativas estão em toda parte, penso na Educação como um processo de preparo para o encontro e realização do nosso Propósito de Vida, por meio da própria vida, como escrevi na epígrafe anteriormente. Na essência desse pensamento está a *"maior contribuição que a educação pode dar"*, por exemplo, para o desenvolvimento da autoliderança, da consciência de si mesmo e de mundo que nos cerca, do autocontrole, ou seja, o controle das próprias emoções e dos próprios instintos; a oportunidade de aprender a respeitar-se, de ser dono de si e respeitando o direito do outro de fazer o mesmo.

Nessa contribuição está o desenvolvimento de uma criança, de jovens e de pessoas em qualquer idade, que é, entre outra, a oportunidade de *"aprender a ser"* e *"a conviver"*,[92] a ajudá-los em suas escolhas, entre elas, *"a escolher uma profissão onde possa melhor utilizar os seus talentos, onde ela será feliz e competente"*.[93] Penso que no "currículo" dessa Educação, para quem quiser aprender e souber aproveitar, inclui, ainda, inúmeras possibilidades para o desenvolvimento da autoeducação.

Na minha opinião (e aqui falo somente por mim, pelo que acredito e sinto), a presença desses itens no currículo da Educação são quesitos primordiais e imprescindíveis para se viver e conviver dignamente em qualquer lugar do mundo. Digo isso por tudo o que aprendi e estou aprendendo, em especial nas trocas de experiências de vida e aprendizados com alunos; com outras pessoas de outras nações e culturas; do espaço acadêmico e de fora dele, com as famílias dos estudantes com as quais tinha contato enquanto docente. Sim, quando estamos abertos para aprender, todos os espaços pelos quais passamos, em qualquer lugar do Universo, tornam-se uma belíssima escola.

Nessa ideia, relaciono a Educação com a formação de uma mentalidade positiva, necessária a qualquer circunstância, situação ou momento da vida, a educação do coração e o desenvolvimento de

---

[92] DELORS, J. Educação um tesouro a descobrir. Relatório para a Unesco da Comissão Internacional sobre a Educação para o Século XXI. 6. ed. Tradução de José Carlos Eufrázio. São Paulo: Cortez, 2001, p. 20.

[93] GOLEMAN, 2011, s/p.

emoções saudáveis: desenvolver a capacidade de identificar e fortalecer sentimentos positivos tanto em relação a si mesmo/a como ao mundo em que vive; o valor da experiência pessoal como oportunidade de aprendizados para a própria vida e para ajudar outras pessoas em suas caminhadas: percebi que é mais fácil e produtivo ensinar/mediar conhecimentos/aprendizados, com conhecimento de causa, assim, fala-se do lugar de quem experienciou, sentiu, fala-se com mais propriedade, sem correr o risco de se ter um discurso sem significados, apenas com base em teorias, leituras. Penso que por isso mesmo os ensinamentos de Jesus vivem até hoje, como se tivessem sido escritos agora. Ele os experienciou, procurou ser e foi aquilo que ensinava.

Ao buscar o significado da palavra Educação, entre tantos conceitos, escolhi o que, além de bonito, reúne tudo o que acredito que ela é:

> 1. *Designação do progresso evolutivo que tem como objetivo o desenvolvimento saudável e harmonioso de qualquer pessoa em todos os âmbitos, incluindo o intelectual, o psicológico, o emocional e o físico, tendo também como finalidade uma inserção positiva na sociedade.*[94]

Se guiarmo-nos apenas por esse significado, é possível perceber o quanto a Educação, em seu real sentido e oportunidade para uma formação humana humanizada, é maravilhosa, e o quanto um processo educativo, acadêmico ou não, que tenha como propósito a formação integral de um indivíduo, apesar de complexo, é também incrível. Eu digo que é complexo pelo fato de que necessita, antes de qualquer coisa, da predisposição interna; da vontade do "educando" para ser educado e, no caso da escola, de um Educador com o real Propósito (aquele que envolve seus dons/talentos, a sua vontade comprometida de ensinar e de aprender com o que ensina) de contribuir com esse processo.

Apesar de conhecer e acreditar na importância da Educação acadêmica como uma lindíssima oportunidade para nos desenvolvermos como pessoas mais humanizadas, conhecedora dos acontecimentos significativos para a humanidade, detentora dos conhecimentos construídos e acumulados pelos antepassados, eu

---

[94] LÉXICO – Dicionário de português on-line. Disponível em: https://www.lexico.pt/. Acesso em:- Disponível em: https://www.lexico.pt/educacao/. Acesso em: 13 maio 2022.

não quero enfatizar aqui o desenvolvimento de conteúdos escolares específicos (essa não é a natureza deste livro).

Falo da Educação que ajuda a transformar o indivíduo a partir do seu interior e que também pode estar no desenvolvimento de conteúdos escolares específicos se for dado a eles esse sentido, ajudando os educandos/as na construção de um projeto de vida do qual a prática desses conteúdos possam fazer parte, por exemplo.

O foco nesta obra é aquela Educação capaz de transformar-se em hábito, em ações, em atitudes positivas e saudáveis perante a vida (a de quem a recebe, a de quem ensina e a de outras pessoas); componentes necessários para a concretização de qualquer Propósito que um indivíduo tenha, que venha a ter e que guie a sua existência. Creio que essa Educação deve começar na infância, por ser o momento mais propício, mas também penso que ela pode começar a qualquer momento em que o indivíduo estiver ou sentir-se pronto para compreendê-la e aproveitá-la em benefício próprio e, se possível, favorecer outras pessoas, independentemente de títulos, cargos ou funções em atividades profissionais.

Ainda nesse contexto da Educação acadêmica e vendo-a como parte fundamental no preparo para a vida, acredito que, se bem conduzida, tem todo esse poder e pode atender anseios como este, trazido por estudantes universitários: *"Estabelecer uma iniciativa focada no desenvolvimento do propósito de vida, para que os alunos tenham condições de refletir sobre quem são até aquele momento da vida deles e definir o que querem para o futuro"*.[95]

E não apenas para universitários, visto que na escola, com uma Educação focada na formação integral do indivíduo, é possível oferecer, entre outras oportunidades para crianças e jovens:

> *"Uma formação que, em sintonia com seus percursos e histórias, permita-lhes definir seu projeto de vida, tanto no que diz respeito ao estudo e ao trabalho como também no que concerne às escolhas de estilos de vida saudáveis, sustentáveis e éticos, [...] favorecendo-lhes a atribuição de sentido às aprendizagens, por sua vinculação aos desafios da realidade."*[96]

---

[95] SHINODA, 2019, p. 308.

[96] BRASIL. Base Nacional Comum Curricular. Brasília: MEC, 2017.

Nesse pensamento, vejo claramente tudo o que venho falando até aqui sobre a beleza de uma Educação para a Vida.

E se um profissional da Educação, na docência ou não, perguntar como fazer isso, eu respondo da forma como aprendi, refletindo sobre as minhas experiências, prendizagem acadêmicas e aquelas trazidas de outros meios, como o familiar e o social. Em minhas experiências, juntei atitudes mentais positivas e por meio delas eliminei (estou eliminando) tipos/natureza de conceitos e autoconceitos que não queria mais arraigados em mim; aprendi a refletir sobre como ou o que dessas experiências eu levava adiante e os seus reflexos na minha vida diária, pessoal e profissional, assim como para outras pessoas e lugares por onde eu passasse.

Assim, estudando e avaliando a mim mesma, com o suporte de livros e de estudos, autoavaliando-me e me preparando para o trabalho que desenvolvia (e que desenvolvo), aprendi a perguntar-me:

Qual é o meu Propósito?

Qual é o Propósito contido nas minhas aulas, além de preparar alunos/alunas para uma prova acadêmica, para a apresentação de um projeto escolar? Como eles/elas podem aplicar nas próprias vidas o que aprendem comigo ou o que eu ensino?

Sinceramente, não é fácil de responder, mas quanto mais fazemo-nos essas perguntas, trazendo, inclusive, para a nossa própria vida, mas temos a certeza do que queremos, de facto, ensinar, para além de aprendermos.

Na forma como eu penso e por experiência própria, esses são passos primordiais para o encontro ou reconhecimento de um Propósito de Vida significativo, e é exatamente sobre essa Educação que eu falo; assim que eu a vejo e sinto. Eu também penso que "numa aceção alargada, a educação designa o conjunto das influências do ambiente, as dos homens ou das coisas, chegando a transformar o comportamento do indivíduo que as experimenta: [...] fala-se da 'educação da vida'".[97]

Sim, é disso que estou falando, e complementaria com: "Educação para a vida", em pé de igualdade com o "educação da vida".

---

[97] ARÉNILLA, Louis, Gossot, Bernard, Rolland, Marie-Claire & Roussel, Marie-Pierre. *Dicionário de pedagogia*. Lisboa: Instituto Piaget, 2013, p. 187.

Enfim, é assim que vejo e sinto a Educação: um presente Divino escondido em cada pedacinho dos caminhos da existência e entregue pelas mãos daquelas pessoas com as quais dividimos este trajetória, mesmo que por apenas um minuto. Por isso, coloquei como epígrafe um pensamento meu:

> *"O mundo é uma escola que nos dá a oportunidade de aprender a ser, a viver e a conviver, com nós mesmos/as e com os outros/as com quem dividimos esta escola, a fim de cumprirmos o motivo para o qual viemos: o nosso Propósito de Vida".*

Para encerrar, se você é um educador/educadora, escolar ou não, eu te faço uma pergunta, com a ideia de que, para educar-se e, principalmente, para quem se propõe a "educar" outras pessoas, conscientemente do que está fazendo por meio de uma profissão ou não, é preciso, entre outras coisas, saber: qual é o seu Propósito?

24

QUAL É O SEU PROPÓSITO?

Dormia e sonhava que a vida era alegria. Acordei e vi que a vida era serviço;Servi e vi que o serviço era alegria.

(Rabindranath Tagore, 1861-1941)

Ao contrário do que já ouvi algumas pessoas falarem, ter e viver um Propósito de Vida não é sinônimo de viver como se vivesse "no país das maravilhas", ou com a cabeça no mundo dos sonhos, em que tudo é lindo e acontece como que por mágica. Não, não é nada disso.

Ter e viver um Propósito de Vida significa uma vida ativa, em que o sonhar com algo que se queira alcançar, o saber para onde se está indo, a alegria, as maravilhas da vida traduzidas num estado de bem-estar, de contentamento, de maior aceitação e compreensão das coisas, é, de acordo com o que muitos autores que eu li; palestrantes que assisti e a minha própria experiência, o resultado de ser ter um Propósito para o que vivemos e fazemos.

Por isso gosto desta pequena frase que coloquei como epígrafe, "Dormia e sonhava que a vida era alegria. Acordei e vi que a vida era serviço. Servi e vi que o serviço era alegria", pois é assim que penso e vejo o Propósito de Vida: uma linda oportunidade de servir, que pode traduzir-se em oportunidade de trabalhar, de aprender, de ensinar.

Mas, afinal o que tem a ver isso tudo com a pergunta do título deste capítulo: qual é o seu Propósito? Penso que mais por um desencargo de consciência, mesmo sabendo que posso estar sendo repetitiva.

Assim, o facto de ser colocado aqui é por que, quando cheguei neste ponto do livro, olhei para algumas transformações que ocorreram em mim a partir da conscientização de cada experiência que tive, que revivia enquanto escrevia, e do que elas (as transformações) realmente me trouxeram. Senti que, apesar de afirmar para mim mesma o meu Propósito para tudo o que faço profissionalmente (palestras, livros etc.), de vê-lo, mesmo que implícito, inclusive em conversas informais, em trabalhos voluntários; apesar da gratidão por tudo o que consegui, em termos de desenvolvimento pessoal, autoconhecimento e conquistas pessoais e profissionais, parecia que "uma coisinha" ainda estava presa e necessitando ser solta, ir embora, para dar espaço a outras.

Isso aconteceu quando, num momento de preocupação, eu comecei a pensar no "motivo" de ter abraçado o meu trabalho, o que escrevo, o que falo em palestras e fora delas, a Educação.

Confesso que não foi fácil descobrir, até um dia em que, numa meditação, surgiu, como uma mensagem vinda não sei de onde, o pensamento:

> *Você está colocando os teus interesses mais imediatos em primeiro lugar, no teu Propósito de Vida. O teu trabalho tem um Propósito próprio a ser atingido, ganhar dinheiro com ele, por mais importante que seja, e é, pode ser parte dele, mas não pode ser o objetivo principal. Olhe para ele com outros olhos; com os olhos do teu coração e sinta o que você quer; o que você realmente quer alcançar com ele. Olhe para o que ele pode trazer para outras pessoas, além de você. O dinheiro, ou qualquer outra coisa do teu interesse, será uma consequência de como realizá-lo. Responda para si mesma: "Qual é o meu Propósito para o que eu faço ou para o que eu pretendo fazer?".*

Quando "ouvi" essa mensagem dentro da minha cabeça, que me veio como uma intuição, imediatamente as coisas mais ficaram claras para mim: primeiro veio-me à mente o propósito que eu havia desenhado para o trabalho que estava desenvolvendo: workshops e palestras que estava escrevendo, apresentações que estava preparando, ensaiando e divulgando sobre os livros que queria publicar, tentando levar adiante, até então, sem o sucesso que eu queria.

No meu "desenho" e coração, o propósito era (e é) ajudar pessoas a encontrarem um sentido para a vida por meio do reconhecimento dos seus talentos e do encontro de um propósito significativo para elas, algo que lhes trouxesse alegria, significado para a existência, vontade de viver e de ajudar outras pessoas, além de bem-estar e entusiasmo, como aconteceu comigo.

Lembro-me de que uma das coisas que me inspiraram e me motivaram a desenvolver esse trabalho foi quando comecei a ver o número elevado de pessoas, muitas delas ainda jovens, tirando a própria vida, a maior dádiva que já recebemos, e outras em depressão profunda, principalmente depois da pandemia desencadeada pela Covid-19, como mencionei anteriormente.

Nesse momento lembrei-me de que eu, em momentos extremamente difíceis pelos quais atravessei, foi o facto de viver uma vida com sentido, de trazer no coração alguma coisa pela qual caminhava e/ou queria alcançar, que me deu forças para seguir em frente, encontrar a fé necessária e superar pensamentos negativos. Isso não me impediu de cair, mas encorajou-me a levantar, a respirar fundo, a aurir-me de energias positivas e chegar onde eu queria, a vida que vivo hoje.

Entretanto, quando recebi aquela "mensagem", eu estava desempregada e o que recebia por trabalhos que fazia, ou havia feito, pouco dava para pagar o aluguel da casa em que morava, o que me trazia preocupação e fazendo-me querer levar adiante, de qualquer jeito, o trabalho que já estava pronto (escrito, preparado), a ideia de publicar os livros que haviam sido escritos com tanta vontade e amor, e com um propósito tão especial, pensando neles, então, apenas como uma forma de manter-me financeiramente.

Por outro lado, apesar dos poucos recursos financeiros, até explicados para quem vive num país estrangeiro que também acabava de passar por uma pandemia como a que o mundo vivenciou, não me faltava nada. Poucas vezes na vida, quando passei por momentos como esse, havia me alimentado de forma tão saudável (isso eu sempre coloquei como prioridade), passeado em lugares tão lindos, entre outras coisas que me eram oferecidas por pessoas amigas. Como se fosse um "milagre", tudo o que eu precisava, e até mais, era providenciado como se alguém invisível estivesse tomando conta de mim, providenciando o que era preciso para o meu bem-estar físico, mental, emocional e psicológico. Eu só tinha a agradecer e, por mais que o fizesse, creio que seria pouco diante do quanto recebia.

Quando me dei conta disso, após a meditação, percebi exatamente o que acontecia comigo: eu, apesar de libertar-me de tantas memórias que já não faziam sentido e das quais não precisava mais;

de viver o máximo que conseguia no presente, ainda carregava uma espécie de apego a sentimentos de escassez; olhando para o que eu não tinha ao invés de olhar para o que eu tinha, algo difícil de explicar, como se isso estivesse "gravado" dentro de mim, talvez devido à situação de pobreza e de dificuldades financeiras que havia vivenciado na infância.

Nesse dia, mesmo sem um emprego, porém não sem trabalho, a situação era outra. Eu tinha perspectivas, experiências, oportunidades, e via coisas maravilhosas acontecendo (é incrível quando conseguimos perceber isso), indicando que eu estava no caminho certo. E estava. Era só uma questão de tempo para que eu desenvolvesse o meu trabalho com o real Propósito dele (aquele que eu havia desenhado) aliado ao meu Propósito de Vida, já citado anteriormente neste livro. A aparente demora era uma oportunidade de preparar-me ainda mais para trabalhos maiores que viriam, no tempo certo, com a remuneração certa, como comprovei depois.

Ao conseguir esse entendimento, decidi que queria mudar mais a minha realidade interna, não queria mais aquele tipo de sentimento e memória do passado coordenando a minha vida. Essa foi uma decisão comprometida comigo mesma, sobretudo pelo meu desenvolvimento pessoal e espiritual, e pelo trabalho que me propunho a desenvolver, afinal, falar uma coisa e fazer outra, na minha opinião, é um discurso vazio, que eu nunca quis e não quero para mim. Para isso, eu precisava libertar-me de mim mesma, das lembranças e das memórias antigas indesejáveis; precisava estar presente, viver o agora.

Com essa experiência conheci um pouco mais do Poder de um Propósito de Vida, quando ele é abraçado comprometida e conscientemente, pois o facto de falar e escrever sobre a importância do desapego das coisas transitórias, das atitudes e dos hábitos negativos que ainda trazemos conosco, e, muitas vezes, exteriorizamos em nossas práticas diárias, no nosso jeito de ser e de agir, ajudou-me (e continua ajudando) a querer fazer essa limpeza interior.

O que posso dizer é que, para além da sensação de leveza e de alegria no coração, é maravilhoso sentir-me livre de mim mesma, do medo de que possa faltar-me algo ou outra necessidade qualquer. Não, isso já não existe, pelo menos neste momento, pois agora, com muito mais certeza, sei que o Universo é infinito, que Deus é um Pai cuidadoso e ciente de tudo o que precisamos. É só pedir, colocar-se em sintonia com Ele, acreditar e esperar com paciência que tudo vem até nós, na medida das nossas necessidades. Tenho visto isso constantemente na minha vida.

Esse aprendizado ajudou-me a estar pronta para um novo passo, com os olhos voltados para por que eu faço o trabalho que faço, cujo foco mais importante é a Educação: porque ele tem um propósito próprio, que deve ser independentemente dos meus interesses e necessidades pessoais, mesmo que seja o meio pelo qual me mantenho ou posso me manter financeiramente, mas, que, com certeza, será muito mais bonito e produtivo se, se possível e conscientemente, caminhar de mãos dadas com o meu. Assim, o seu Poder será algo difícil de dimensionar para todos as partes envolvidas. É isso o que vejo hoje.

Por isso, volto à pergunta do início do capítulo, para você que, formal ou informalmente, propõe-se a educar: qual é o teu Propósito? Algumas estratégias para responder a essa pergunta podem ser: primeiro: olhar a si mesmo/a com alegria, com o respeito que merece, e perceber-se como alguém em construção, que tem muito a aprender; segundo: pensar no outro/a da mesma forma, usando a mesma medida; terceiro: reconhecer o "porquê"; "por qual motivo", que faça sentido e que valha a pena levar adiante o que faz.

Só mais uma coisinha: para isso é preciso, além de outras virtudes, uma boa dose de coragem.

E por falar em coragem...

Com Educação e "munido de coragem, o ser humano está, por assim dizer, capacitado a trilhar qualquer caminho com a dignidade e a perseverança essenciais às grandes trajetórias. Quando há coragem, o espírito é tomado pelo entusiasmo e pela sensação antecipada da vitória, embora nem sempre os corajosos alcancem a vitória no fim de sua jornada. Mas há o recomeço, há o aspecto renovado dos novos desafios, há a confiança ilimitada no amanhã, há a expectativa redobrada em relação à concretização dos desejos mais impossíveis".

(Gabriel Chalita)[98]

---

[98] CHALITA, Gabriel. *Pedagogia do amor*: a contribuição das histórias universais para a formação de valores das novas gerações. São Paulo: Gente, 2003. p. 74.

25

CORAGEM:
A VIRTUDE QUE LEVA À AÇÃO

Até quando a tua vida vai ficará na margem dos sonhos porque te falaram que é um absurdo mergulhar?

(Deepak Chopra)

Da forma como eu acredito, imagino que o poder da coragem seja, depois (ou no mesmo patamar) daquele da força de vontade e da fé, o recurso fundamental na e para a viagem da vida, independentemente de se buscar e/ou concretizar um propósito, um sonho definido. Aliás, penso que a coragem é mola propulsora para uma pessoa assumir um Propósito de Vida comprometidamente e deixar-se guiar e motivar por ele.

Quando penso em pessoas corajosas lembro-me desde os grandes desbravadores, navegadores, e homens e mulheres que são exemplos de luta por alguma causa a ponto de abdicarem ou de perderem a própria vida, que a história nos apresenta, até as desconhecidas que, ao superarem as surpresas do dia a dia, vão construindo-se e construindo as suas trajetórias. Ao imaginá-las, eu não consigo vê-las sem ver a coragem estampada em suas caras, primeiramente para enfrentarem e vencerem a si mesmas, depois as circunstâncias/experiências desafiadoras que aparecerem pelo caminho.

Sim, é esse sentimento nobre, para o qual vejo implícito um convite à sua descoberta na epígrafe do início do capítulo, que acredito que tenha o poder de fazer com uma pessoa desapegue-se de convicções negativas sobre si mesma, tanto quanto daquilo que outras pessoas pensam ou verbalizam ao seu respeito, para mergulhar em busca do que considera seu tesouro: a realização dos seus sonhos, a concretização de um Propósito, seja ele qual for.

Nessa viagem, muitas vezes, antes de enfrentar as ondas mais agitadas do oceano externo chamado mundo, é preciso ir ao mais profundo do próprio mar íntimo, a fim de limpar o caminho que o/a levará a encontrar a mais bela pérola, traduzida na realização daquilo que busca. E esse mergulho, por experiência própria, é uma das atitudes em que mais se precisa de coragem, pelas possibilidades de encontrar e enfrentar os próprios "monstros internos" e conseguir fazer isso com dignidade, autocontrole, lealdade e respeito por si, pelo mundo em que se vive e pelos propósitos que carrega no coração.

Ao pesquisar sobre o termo coragem, encontrei algumas coisas interessantes como "valentia", "bravura" e "força moral". Vejamos a seguir os significados trazidos pelo *Léxico – Dicionário de Português On-line*.

> *1. Afoiteza ou destemor perante uma ameaça; valentia, arrojo ou bravura;*
>
> *[...]*
>
> *3. (Figurado) Ânimo ou disposição na concretização ou realização de uma função ou afazer custoso; tenacidade ou determinação.*[99]

Entre essas, a definição que penso estar mais associada ao tema a ser tratado aqui, que são os aprendizados colhidos na busca pela concretização de um propósito pessoal, é a apontada no item 3: "Ânimo ou disposição na concretização ou realização de..."; tenacidade ou determinação".

Digo isso porque é o que sinto em relação à caminhada pelas minhas realizações. Por exemplo, quando essa caminhada é abraçada com o corpo e a alma; quando temos algo que buscamos e queremos, de facto, alcançar, dificilmente será uma tarefa fácil e em que fatores como ânimo, automotivação, determinação e perseverança podem ser determinantes, mesmo contando com as inúmeras companhias e ajudas que vão surgindo pelo caminho. Essas "parcerias", sem as quais não chegaríamos ao topo da montanha, são imprescindíveis e maravilhosas, mas, independentemente disso, é uma busca pessoal. É diferente de quando participamos de um projeto coletivo mesmo se estivermos realizando um sonho.

---

[99] LÉXICO – Dicionário de português on-line. Disponível em: https://www.lexico.pt/coragem. Acesso em: 13 maio 2022.

Vi e senti isso inúmeras vezes. Em alguns momentos parecia que quando eu perdia um pouco do ânimo, do foco, aqueles que sabiam dos meus objetivos, do que eu fazia, como e por que fazia, e com quais intenções, também ficavam como que indiferentes, apesar de sempre me motivarem a continuar. A partir do momento em que eu demonstrava entusiasmo, enchia-me de ânimo e de automotivação, incrivelmente coisas lindas acontecia, pessoas apareciam como em um milagre, para me dar mais força e ajudar de todas as formas, em especial com palavras e atitudes encorajadoras.

Gosto de dois pensamentos que, acredito, definem esses momentos:

> Somos os primeiros e únicos responsáveis pelos nossos propósitos e a sua concretização (a autora).

> Mas, "no momento em que nos comprometemos de fato, a providência divina age também. Ocorre toda espécie de coisas para nos ajudar, coisas que de outro modo nunca ocorreriam. Toda uma cadeia de eventos surge da decisão, fazendo vir em nosso favor todo tipo de encontros, [...] apoio [...] imprevistos que ninguém poderia sonhar que viria em seu caminho".[100]

Outra definição interessante que gosto para o termo coragem é esta:

> Coragem (do latim coraticum, do francês cor-age[1]) é a capacidade (muitas vezes tida como virtude) de agir apesar do medo, do temor e da intimidação. Deve-se notar que coragem não significa a ausência do medo, e sim a ação apesar deste. O contrário da coragem é tida, normalmente, como covardia.[101]

Penso que essa definição é perfeita quando diz que "coragem não significa a ausência do medo", pois é exatamente isso que sinto. Eu nunca me vi como uma pessoa corajosa, como já escrevi antes, principalmente quando alguma coisa ameaçava o meu conforto. Eu nunca dava um passo sem pensar inúmeras vezes aonde ele poderia levar-me, não só por cuidado, mas também por medo de

---

[100] MORAES, Maria Cândida. *Paradigma Educacional Emergente* (o). Papirus editora, 1997, p. 5.

[101] DICIONÁRIO Houaiss da Língua Portuguesa: verbete coragem. Disponível em: https://pt.wikipedia.org/wiki/Coragem#cite_ref-1. Acesso em: 12 out. 2022.

errar. Entretanto nunca fui de desistir do que acreditava e comecei a perceber que, todas as vezes em que me deparei com um momento ou uma situação difícil no caminho para levar adiante os objetivos que abraçava, saía uma força não sei de onde e, quando eu via, já estava agindo, com medo e tudo, para vencer o desafio.

No fim, o primeiro obstáculo que eu vencia estava dentro de mim mesma: encontrar coragem e mergulhar. E o sentimento depois de ver o resultado? Ah! Aquele orgulho bom e sadio da minha ousadia, um sentimento de Poder, ou qualquer outro nome que se queira dar, mas que, no fundo, para mim, significa a alegria de agir consciente e eticamente, apesar do medo, como citado no dicionário.

Nessa caminhada aprendi, também, a importância do medo. Não aquele que paralisa a pessoa ao ponto de impedir a busca e a realização de Propósitos mais caros ou de uma tarefa que se queira realizar, mas aquele que parece mais forte quando se tem a intenção de começar uma coisa nova. Como já foi descrito em capítulos anteriores, esse tipo de medo manifesta-se, sobretudo, diante da ideia de conseguir algo que esteja distante das nossas realidades social e financeira e que, muitas vezes, tem como gatilho os pensamentos e as verbalizações: é impossível, é muito difícil, não vai conseguir, você não tem condições para isso etc., vindos do próprio inconsciente, com base em memórias antigas e de pessoas frustradas em suas vidas e em seus intentos. Por uma ordem lógica, pessoas felizes, realizadas e autoconfiantes não atemorizam outras nem matam seus sonhos. Pelo contrário, dão força moral, ajuda, motivação.

O tipo de medo sobre o qual estou falando pode ser chamado de fraqueza espiritual, aquela que extermina a autoconfiança; a esperança; a força de vontade. E isso é altamente prejudicial para qualquer criatura.

Uma explicação sobre a importância positiva do medo nas nossas vidas, que tem tudo a ver com o que estou falando e que gosto muito, é o pensamento da escritora Margaret Wheatley, que encontrei em uma citação no livro *Poder & amor*, do autor Adam Kahane:

> *O medo é fundamental em nossa condição humana e, assim, podemos esperar senti-lo algumas vezes, até provavelmente com frequência. Mas o importante é percebermos o que fazer com ele. Podemos nos retrair,*

*nos desfocar ou nos anestesiar. Ou reconhecer o medo,
e caminhar para a frente de qualquer modo. Não temer
significa apenas não dar ao medo o poder para nos calar
ou deter.* [102]

Ao se pensar assim, acredito que o medo, quando traduzido no cuidado para não nos prejudicarmos e não prejudicar outras pessoas, é saudável e até necessário. Falo, aqui, do que chamaria ainda de atenção, de precaução, de espera do tempo e do momento mais propício para agir. Isso não é ser medroso/a, é ser cuidadoso/a, paciente, corajoso/a.

Outra coisa para a qual acredito que é preciso ser corajoso/a é para pedir ajuda, qualquer que seja ela, quando se precisa. Nessas horas, enfrentar a dúvida de para quem pedir, a vergonha, por tratar-se de dificuldades, muitas vezes advindas das nossas escolhas pela busca de um propósito pessoal, o medo do não ou do que as pessoas vão pensar, é quase que inevitável. Vivi isso algumas vezes, mas, graças a Deus, na maioria delas fui abraçada; em outras, a ajuda chegava antes que eu pedisse, por palavras, mensagens ou mesmo em ajuda material, vinda de pessoas conhecidas e desconhecidas. Sabe aquela conspiração do Universo? Sim, ela entrava (e entrou muitas vezes) em acção na minha caminhada.

Também ouvi alguns nãos que, naquele momento, diante da necessidade que atravessava, principalmente de uma palavra de encorajamento, motivação e confiança, foram-me pesados. Mas, passado um tempo (aquele quando olhamos para trás), percebi que foi a melhor coisa que me aconteceu, pois indicou-me o caminho mais assertivo a seguir, além de me levar a conhecer melhor algumas pessoas e os seus sentimentos em relação a mim. Considero isso um presente de Deus.

Ao falar não da forma como falaram, reforçaram a minha convicção do que e por que queria alcançar algo, e ajudaram-me a ir em frente de maneira mais confiante, equilibrada e em paz (lembra da Educação?).

Diante de tudo isso, se eu puder deixar um conselho, digo para qualquer pessoa decidida a abraçar uma caminhada, com ou sem um

---

[102] KAHANE, Adam. *Poder & amor*: teoria e prática da mudança social. Tradução de Nina Albuquerque. São Paulo: Senac, 2010, p. 206.

propósito definido, e chegar a um desses momentos: não se fazer de vítima, desapegar-se daquele orgulho nocivo que se resume em o indivíduo achar que pode fazer tudo sozinho, que é melhor do que os outros, libertar-se da arrogância.

Ser honesto/a é a melhor opção. Explique a situação e, se for preciso, peça ajuda. Caso receba um não, respeite a vontade e a decisão do outro/a. Cada um/a tem o seu tempo, o seu entendimento, a sua capacidade de compreensão e os seus sentimentos em relação às próprias conquistas, que desconhecemos. Além disso, aquele ditado de vemos a cara, mas não o coração, mesmo que seja do/a amigo/a, é perfeito e cabe muito bem aqui. Assim, não sabemos o que ele/a sente sobre nós. Lembremos sempre de uma coisa importante: o sonho; o propósito, é uma escolha nossa. Ninguém é obrigado a nada. Mas não desista por isso. Acredite, quando nós menos esperamos as coisas acontecem do jeito que precisávamos. E como acontecem!

Finalizando, creio que dificilmente vamos conseguir saber, por mais que imaginemos, a extensão das nossas ações e, acima de tudo, quando conseguimos realizar algo que faça a diferença na e para a vida de outras pessoas além da nossa. Por isso, como disse Jesus em Seu ensinamento, *"Vos sois a luz do mundo"*.[103]

Acredito, ainda, que quando vencemos os nossos medos e/ou outras tendências negativas que nos paralisam, podemos ser luz no e para o caminho de outras pessoas, em especial aquelas que pensam ou estão predispostas a abraçarem algo parecido. Essa é uma ideia que muito me alegra, não com o pensamento de ser destaque por altruísmo ou ser vista como exemplo, mas de saber que eu, ou o que eu fiz, pode ser útil, ser luz para alguém. Pense nisto: qualquer pessoa pode *"ser luz"* para o mundo.

Nesses momentos, a satisfação, o sentimento de realização tanto pelo que concretizamos quanto em saber a sua "utilidade" em favor do Todo, é algo impossível de se traduzir em palavras. E uma coisa maravilhosa que fico muito feliz em registrar é a alegria percebida nas pessoas que, de alguma forma, participaram da trajetória até as nossas conquistas; várias delas também tiveram muita coragem, desprendimento, afeto e companheirismo pelo simples prazer

---

[103] Mateus, 5:14.

de ver-nos felizes e realizados/as. Eu tive várias no meu caminho que foram fundamentais para o fortalecimento da minha coragem e considero um dos lindos presentes que recebi e relaciono com o Poder do Propósito abraçado.

Por tudo isso e por muitas coisas que não escrevi aqui é que digo: vale a pena lutar pelos nossos sonhos; pelos nossos propósitos. Você não tem um? Seja corajoso/a e crie-o. Já tem? Parabéns! Muita luz para você e para o seu caminhar.

"Coragem é a primeira das qualidades humanas porque garante todas as outras" – Aristóteles.

E eu peço licença ao grande Mestre para complementar a sua ideia com a minha: que junto à coragem, ajudam-nos a desprendermo-nos de tudo o que nos prejudica, daquilo que não faz mais sentido levar adiante. Vamos ver como é possível fazer isso?

Ao guardar ressentimento, você se envenena mais do que está envenenando aqueles a quem você está ressentido.

O ressentimento é como beber veneno e depois esperar que mate seus inimigos.

Quando saí pela porta em direção ao portão que levaria à minha liberdade, sabia que se não deixasse minha amargura e ódio para trás, ainda estaria na prisão.

(Nelson Mandela)[104]

---

[104] 22 LIÇÕES... 2018. Disponível em: https://www.asomadetodosafetos.com/2018/09/22-licoes-de--vida-para-aprender-com-nelson-mandela.html. Acesso em: 25 out. 2022.

26

DESAPEGO: A HORA DE DAR UMA OPORTUNIDADE PARA O NOVO

Sinto que ao desapegar-me daquilo que já passou, abro as portas para o recomeço, para uma coisa nova. Isso é incrível.

(a autora)

Para falar e refletir sobre o desapego, ou o de deixar ir aquilo que não nos serve mais; que não faz parte do momento presente e/ou que cause desconfortos e sofrimentos, eu gosto de uma parte do livro *Praticando o poder do agora*, já citado aqui, em que, para explicar a importância do desapegar-se de qualquer coisa, o autor diz que

> [...] existem ciclos de sucesso, como quando as coisas acontecem e dão certo, e ciclos de fracasso, quando elas não vão bem e se desintegram. Você tem de permitir que elas terminem, dando espaço para que as coisas novas aconteçam ou se transformem.
>
> Se nos apegamos às situações e oferecemos uma resistência neste estágio, significa que estamos recusando-nos a acompanhar o fluxo da vida e vamos sofrer. É necessário que as coisas acabem, para que coisas novas aconteçam.[105]

Ou seja, se temos algo especial que queremos experienciar, levar adiante, como um Propósito de Vida, é preciso aprender a desapegar daquilo que já foi. Propósito significa olhar para a frente, intenção de alcançar e viver coisas positivas, portanto não combina com uma mente que vive presa no que passou.

Ao ler esse livro (que li várias vezes), e principalmente essa passagem, eu percebi uma das minhas grandes dificuldades, talvez aquela que tenha sido, aliada ao medo paralisante descrito no capítulo anterior, a responsável por adiar, por exemplo, a minha saída de um

---

[105] TOLLE, 2005, p. 65.

emprego em que já não fazia sentido continuar até a mudança de país para estudar, mesmo sendo, este segundo, um sonho antigo e para o qual via a oportunidade.

Os motivos do apego a essas situações, além do trabalho e de como me sustentar? Todos os possíveis: por exemplo, mesmo morando sozinha em outra cidade, sentia-me, de certa forma, como se fosse necessária, insubstituível na e para a vida dos meus irmãos, todos casados e vivendo bem com suas famílias. A propósito, graças a Deus eu nunca interferi em suas vidas (nem deveria), a não ser que pedissem alguma opinião. Mas esse sentimento existia. Tinha medo de deixá-los. Pode isso?

Quando compreendi o que se passava, percebi que, na verdade, aquilo não era o amor que eu imaginava, mas um apego negativo que eu não sabia explicar e que me impedia de ir para frente. Eu usava desse artifício para justificar a minha falta de coragem em deixar o mundo conhecido e enfrentar o desconhecido. Deixar esse pensamento, essa crença paralisante para trás foi uma libertação de mim mesma. Agora, sei que era medo de desapegar-me de uma certa "segurança" e, então, até inconscientemente, eu buscava todas as desculpas possíveis.

Hoje, praticamente tudo o que eu fazia quando estava mais próxima faço de longe. Sinto que a união e o amor, aquele que liberta, ajuda, compreende, continuam como eram, imensos. Assim também era com o apego ao trabalho, com coisas que não precisava, na resistência às mudanças, nos sentimentos paralisantes, nos autoconceitos negativos. A partir do momento em que me conscientizei disso, decidi que não queria aquilo no meu caminho e iniciei o processo de **desapegar-me de tudo o que sentia que era preciso** e que me impedia de deixar a vida fluir e as coisas acontecerem como deveriam. Acreditem, posso dizer que é uma das maiores bênçãos que podemos dar a nós mesmos e, muitas vezes, àqueles que convivem conosco.

Para isso, busquei todo o tipo de ajuda que consegui, sobretudo por meio da literatura, de pessoas com as quais conversava e aproveitava cada palavra, cada mensagem. Outro dia li que a própria natureza ensina-nos o desapego se estivermos atentos e dispostos a aprender: nas estações do ano, na vida dos animais etc. Assim, procurei observar melhor e aprender com ela, afinal, sou (somos) parte dela.

Em relação à família, só quero esclarecer que não estou dizendo que diante de uma situação de insatisfação pessoal devemos desapegarmo-nos no sentido de abandonar, inclusive afetivamente, as pessoas que dependem de nós para o seu sustento. Falo aqui do desapego emocional, ou daquele tipo de apego doentio, que, como conheço alguns, impede o crescimento do indivíduo e, muitas vezes, de quem com ele/a convive; falo também do apego às memórias de experiências que aconteceram na infância, num trabalho ou num relacionamento afetivo, que comprometem o êxito das nossas realizações e o quanto poderíamos ajudar outras pessoas.

Sobre as memórias, por exemplo, de uma traição no emprego, o Dr. Joe Dispenza, em seu livro: *Como criar um novo eu*, dá a seguinte explicação:

> *E se este ciclo de pensar e sentir que foi traído se manteve durante anos a fio? Se continuar agarrado a essa experiência com o chefe ou a reviver aqueles sentimentos familiares, dia após dia, estará constantemente a enviar sinais químicos ao corpo, que ele associa ao passado. Esta continuidade química engana o corpo e fá-lo crer que continua no passado, pelo que continua a reviver a mesma experiência emocional.*

> *Se há anos que esses sentimentos memorizados de traição conduzem os seus pensamentos, o seu corpo tem vivido no passado vinte e quatro horas por dia, sete dias por semana, cinquenta e duas semanas por ano. Com o tempo, fica preso ao passado.*

> *[...] Os sentimentos e as emoções não são uma coisa má. São o produto da experiência. Mas se revivemos sempre os mesmos, não conseguimos abraçar novas experiências.*[106]

Imagine-se dormindo e acordando todos os dias com as mesmas lembranças negativas de algo que não existe mais, sentindo culpas, mágoas etc. Por isso o desapego é tão importante. Aliás, e

---

[106] DISPENZA, 2012, s/p.

por experiência própria, digo que ele permite-nos viver, experienciar e experimentar a Vida e não somente existir.

Falo, ainda, do apego às coisas materiais que não se usa mais, ou de alguém que fica agarrado/a às formas negativas de pensar, de pronunciar certos jargões com o intuito de magoar, de constranger; apego aos sentimentos e/ou atitudes que, disfarçados de amor, são usados por uma determinada pessoa para prender outra/s, para mantê-la/s sob o seu domínio, com medo de perdê-la. É isso que chamo de apego doentio.

Vamos fazer uma reflexão simples: aquilo que é nosso por conquista própria, por mérito, não perdemos, por mais distante que esteja. Assim é o amor. Essa é mais uma daquelas ideias que não são minhas, está na internet, em ensinos religiosos, em livros de psicologia...

A propósito, em Seus ensinamentos, o desapego é uma das coisas de que Jesus mais nos fala: o desapego das coisas materiais, dos sentimentos nocivos e destruidores, como o ódio, a mágoa, as paixões infundadas por coisas ou pessoas, que levam alguém a cometer crimes, por exemplo.

O desapego, como percebo implícito no trecho do livro *Praticando o poder do agora* destacado anteriormente, ao contrário de prender, liberta, permite construir um novo caminho, iniciar um novo ciclo, atingir Propósitos, a ter como base as experiências e os aprendizados do passado, deixados por aquilo ou aquele/a que se foi. Penso que o propósito seja mesmo este: guardar o que foi bom, em forma de sentimentos, atitudes e ações que ajudem, que deem força, ânimo e motivação para a caminhada que se inicia a partir de então. Escrevendo assim parece fácil, mas não é. Pelo contrário, sinto que foi e é das coisas mais difíceis de se colocar em prática. Mas é possível.

A relatar uma experiência pessoal, uma das situações em que encontrei mais dificuldade em colocar o desapego em prática foi a morte do meu pai, até porque ele adoeceu e faleceu em poucos dias. Até então, eu, apesar de ter realizado o sonho de estudar, continuava apegada ao desejo de ouvir um elogio vindo dele (coisa que ele nunca fez comigo enquanto criança e adolescente, pelo menos na minha frente, como fazia com alguns dos meus irmãos).

No meu egoísmo (hoje eu sei que era isso), eu queria muito que ele desse valor (e fizesse isso verbalmente para mim) ao facto de eu ter estudado por esforço próprio, de ter um diploma universitário. Pode passar isso pela cabeça de alguém? Eu pensava e não tenho vergonha de falar, mas arrependo-me de ter perdido tempo com isso.

Quando ele morreu, em 2006, e eu percebi que as minhas chances de ouvir isso dele tinham acabado, foi como se eu perdesse o meu principal objetivo para quase tudo o que fazia. Cheguei a sentir raiva de mim mesma, além de culpa por prender-me a algo egoísta e que havia atrapalhado tanto o meu caminho. Eu sabia que estava errada em pensar e sentir-me daquele jeito e queria mudar sentimentos e pensamentos.

Passei, então, a buscar todo o tipo de ajuda que conseguia. Nesse período fiz psicoterapia com uma profissional incrível que me atendia gratuitamente por conhecer a minha trajetória (sabe aqueles "anjos da guarda" sobre os quais falei anteriormente, essa pessoa foi um deles. Não sei se estaria aqui hoje, como sou, sem a ajuda dela), li livros, fiz pesquisas, para ajudar a resolver aquela questão interna para a qual eu não enxergava resposta ou caminho.

Precisei desenvolver e reforçar o hábito de quase tudo o que estou escrevendo: tomar a decisão de desapegar-me, entre outras coisas, daquela necessidade de elogio do meu pai, que tanto me prejudicavam em diversas áreas da vida, pois eu a levava para muitas coisas que fazia. Precisei reencontrar e retomar o foco no meu Propósito de estudar para contribuir com o meu crescimento e de outras pessoas, exercitar a boa vontade, fortalecer a minha mentalidade positiva e ter fé em Deus, além de confiar mais em mim e na profissional que havia eu me transformado.

Uma ajuda grandiosa que recebi foi quando tive acesso à história de vida do meu pai, como também já relatei. Então aceitei as experiências dolorosas que tinha vivenciado com ele como oportunidades de aprendizados e decidi deixar o desejo de receber um elogio para trás. Assim, fui percebendo que os meus sentimentos e as coisas fora de mim fluíam numa direção mais agradável, promissora e feliz. Sentia-me como se tivesse tirado um peso do coração, estava livre para as coisas novas que chegavam. E como chegavam!

Em relação a isso, hoje posso dizer que não fazem mais sentido quando me lembro delas – coisa que raramente acontece – e não tocam mais o meu coração de forma dolorida. Em seu lugar, guardo os momentos felizes que tive com o meu pai, seus exemplos mais lindos e os aprendizados, que são a base da minha vida. Realmente, não é fácil, mas é possível.

E agora, vivenciando os seus benefícios, como o bem-estar interior, o foco nas coisas que de facto importam, a paz que fica na alma, posso dizer que o desapego, seja do que for, aliado à capacidade de se entregar destacada no próximo capítulo, é um dos maiores presentes que podemos dar a nós mesmos e ao mundo que nos cerca. Com tudo isso estou aprendendo, na prática, o que diz o escritor Adam Kahane sobre o desapego: "O desapego é importante porque nos ajuda a ser menos temerosos, mais abertos e criativos. Se queremos aprender a caminhar para a frente, temos de estar dispostos a errar e cair".[107] Eu acrescento: a levantar.

Para finalizar, deixo esta frase da *life coach* e professora de Meditação, Maria Melo, que encontrei na revista *Progredir*, edição de novembro de 2017: "É no vazio do desapego que chega a força da criatividade, da solução, da boa nova, da esperança em forma de fé".[108]

Para mim, esse é mais um dos milagres do Poder de um Propósito em nossas vidas. Vamos caminhar mais um pouco? Tem muitos outros aprendizados lindos pela frente.

---

[107] KAHANE, 2010, p. 212.

[108] MELO, Maria. Desapego. *Revista Progredir*, Oeiras, Portugal, nov. 2017, p. 8.

No estado de entrega, você vê claramente o que precisa ser feito e parte para a ação, fazendo uma coisa de cada vez e se concentrando em uma coisa de cada vez.

Aprenda com a natureza. Veja como todas as coisas se realizam e como o milagre da vida se desenrola sem insatisfação ou infelicidade.

É por isso que Jesus disse: "Olhai os lírios do campo, como eles crescem; não trabalham nem fiam".

Se a sua situação geral é insatisfatória ou desagradável, separe esse instante e entregue-se ao que é. Eis aqui uma lanterna cortando a neblina. O seu estado de consciência deixa então de ser controlado pelas condições externas. Você não age mais a partir de uma resistência ou de uma reação.

Olhe então para uma situação específica e pergunte-se: Existe alguma coisa que eu possa fazer para mudar essa situação, melhrá-la ou me retirar dela? Se houver, você toma a atitude adequada.

(Eckhart Tolle)[109]

---

[109] TOLLE, 2005, p. 80.

27

ENTREGA:
DEIXAR IR COM O CORAÇÃO ABERTO

Quando uma criatura humana desperta para um grande sonho e sobre ele lança toda a força de sua alma, todo o universo conspira a seu favor.

(Johann Goethe)

Entregar, como o significado da própria palavra aponta, entre outras designações, quer dizer "4. depositar";[...]"8. dar; outorgar".[110] Neste capítulo, entretanto, vou referir-me ao ato de entregar como deixar algo ir, com boa vontade, com confiança e fé, quando se acredita que já fez ou está fazendo a parte que lhe cabe ou que já tirou o melhor aprendizado de uma determinada situação, por exemplo. Aqui, falo de entregar a busca pela concretização de um propósito ou a resolução de uma determinada situação, ao Universo, a uma Força Maior, ou, ainda, como comumente ouvimos na sabedoria popular: entregar nas mãos de Deus.

Por isso gosto da frase colocada como epígrafe, pois penso que é exatamente aquilo que acontece. Quando temos um Propósito no coração ou queremos resolver uma situação para a qual não vemos caminho ou respostas; quando agimos comprometidamente para um determinado fim sem que ao mesmo tempo fiquemos presos/as àquilo como se confiássemos apenas nas nossas ações e mãos, abrimos espaço para que o Universo ou Deus, dependendo da crença pessoal, aja também, como transcreve o autor, Joseph Jaworski, no seu livro *"Sincronicidade- o caminho interior da liderança"*:

> *Em relação a todos os atos (e criação), existe uma verdade elementar que, se ignorada, inviabilizará inúmeros planos e ideias esplendidos: no momento em que definitivamente nos comprometemos, a providencia*

---

[110] PORTO EDITORA – entregar no Dicionário infopédia da Língua Portuguesa [em linha]. Porto: Porto Editora. Disponível em: https://www.infopedia.pt/dicionarios/lingua-portuguesa/entregar. Acesso em: 7 set. 2022.

divina também começa a agir... Tudo conspira a nosso favor, (trazendo até nós)[111], todos os tipos de coisas que, de outra forma, nunca teriam ocorrido. Todo um fluxo de acontecimentos surge a partir da nossa decisão, colocando a nosso favor toda a sorte de coincidências, encontros e ajuda material imprevisíveis, que nenhum homem jamais poderia ter sonhado encontrar no seu caminho (Goethe).[112]

Como diz a mensagem acima, muitas vezes, como que por milagre, aparecem pessoas para dar ideias; indicar direções; apoiar não apenas materialmente, mas, mostrar uma solução ou um caminho para se chegar até ela; acontecem coisas lindas dentro e fora de nós. De alguma forma a resposta chega. E eu vivenciei isso. É simplesmente maravilhoso.

No livro *O poder do agora*, Tolle refere-se à entrega como "*o abandono de qualquer resistência mental e emocional ao que é*",[113] ao momento presente; portanto, nesse sentido, pode-se entender o entregar como deixar fluir, soltar-se de alguma situação ou circunstância que a pessoa esteja vivenciando e permitir que ela tome o seu rumo, cumpra a sua função, sem deixar de fazer aquilo que cabe à própria pessoa.

No exemplo que dei anteriormente, é basicamente a mesma coisa, só que, no caso de um propósito ou mesmo de uma situação, por mais difícil que pareça, refiro-me à entrega com alegria, fé e esperança, com a certeza de que tudo vai conspirar para que aquilo seja concretizado ou resolvido da forma mais feliz possível, gerando resultados animadores e aprendizado. A entrega é feita de boa vontade, com o coração aberto e confiante.

Para facilitar o entendimento vou falar, na primeira pessoa, como aprendi a fazer isso: imagino que o Propósito ou a situação vivenciada é um balão colorido (mesmo que seja uma situação difícil), muito bonito, preso em um cordão que estou segurando enquanto o balão dança no ar. No ato de entrega que descrevo aqui, solto a ponta do cordão e deixo o balão subir (o interessante é que o que sentia, nesses momentos, era a dificuldade de soltar o cordão). Depois que

---

[111] Ideia entre parênteses e destaque acrescentados pela autora.

[112] JAWORSKI, Joseph. *Sincronicidade*: o caminho interior da liderança. São Paulo: Senac, 2015. p. 177.

[113] TOLLE, 2010, p. 94.

consigo soltar, até tento acompanhá-lo com os olhos, mas chega um momento em que ele funde-se com o azul do céu e não consigo mais vê-lo. Nessa hora, eu sinto que entreguei e continuo a fazer o que sei que devo fazer.

Eu usei e uso essa ideia para muitas coisas que queria ver concretizadas, em relação às quais estava fazendo tudo o que podia e usando todos os recursos ao meu alcance, e não conseguia resolver. Aprendi a entregar para os Céus, para o Universo. Depois é confiar, ter paciência e esperar, porém numa espera ativa, confiante e esperançosa. Acreditem, muitas vezes as coisas acontecem bem antes do que nós imaginávamos.

Outra atitude muito importante é lembrar de agradecer, em todos os momentos, não apenas quando receber ou realizar alguma coisa que queira. Quando penso e ajo assim, continuo trabalhando por aquilo que busco ou para resolver o que quer que seja, mas sinto-me mais leve, mais tranquila, o que, inclusive, ajuda para realizar outros trabalhos e até descansar, mental e fisicamente. Existem milhares de relatos positivos na internet sobre isso.

A propósito, lembro-me de um desses acontecimentos em que precisei entregar e entregar-me com confiança, fé e esperança, como estou falando. Foi, sem dúvida, um dos momentos mais difíceis da minha vida, entretanto, um dos que me trouxeram alguns dos maiores aprendizados. Foi uma situação que envolveu a minha saúde.

Eu sempre fui uma pessoa de colocar o meu trabalho e a responsabilidade pelo que faço acima de qualquer outra coisa, inclusive, a minha saúde. Diversas vezes não me sentia bem; estava exausta física e mentalmente (naquele momento, eu era docente e responsável por várias turmas), e mesmo aos fins de semana, quando não tinha atividades profissionais, a ida ao médico ou simplesmente dormir um pouco mais; ficar sem "fazer nada", para descansar; estava fora de questão. O trabalho, mesmo que fosse voluntário, vinha primeiro. Ao agir dessa forma, por lógica, sabemos que como uma máquina que precisa de cuidados, chega uma hora em que o corpo pede socorro quando a ele não é dada a devida atenção. Foi exatamente isso que aconteceu.

No ano de 2012, eu, além da docência, estava também como docente-responsável por turmas de alunos da área em que atuava.

Não era um trabalho fácil por tudo o que envolvia e que eu abraçava com uma responsabilidade imensa, como deveria e é o certo. Eu amava o que fazia (e ainda amo), preparava-me para o trabalho, mas, mesmo assim, apareciam constantemente o medo de fazer qualquer coisa que prejudicasse um aluno/a, de não agir corretamente dentro do que a empresa esperava de mim e diante da confiança que havia sido depositada no meu trabalho (pensava e repensava as minhas atitudes e ações diariamente), e em relação às questões de relacionamentos interpessoais dentro da equipe, que procurava manter o mais equilibradas possíveis.

Junto a isso, o meu perfeccionismo e uma autocobrança por fazer sempre o melhor, independentemente de qualquer coisa, eram companhias dia e noite, caracterizados em não ter hora certa para comer, para descansar, para praticar atividades físicas e/ou relaxantes, apesar de a empresa oferecer tudo isso. Não, eu precisava trabalhar, mesmo que em casa, à noite e aos fins de semana. Não conseguia desligar-me. Eu, sinceramente, não sei se as pessoas que trabalhavam comigo percebiam, mas eu sentia-me esgotada física e mental. Pronto, estava montado o cenário para que a máquina chamada corpo físico, ao não ser atendido nas diversas vezes em que tinha dado sinais, como acordar como se não tivesse dormido, disparos repentinos do coração, sensação de exaustão, entre outras, gritasse mais alto.

Assim, só vou dizer que de uma hora para outra precisei parar tudo o que fazia, **entregar** aquele e outros trabalhos que amava, que sentia como a minha responsabilidade – e, cá entre nós, como se eu fosse insubstituível –, nas mãos de outras pessoas. Fora isso, eu mesma tive que me **entregar** nas mãos de outras pessoas, como médicas/os e enfermeiras/os, para uma cirurgia de emergência, que me tirou de circulação por três meses, entre licença médica e férias de trabalho. Sou infinitamente grata às pessoas da família e vizinhos que ajudaram, cuidando de mim e da minha casa nesse período.

Lembro-me de que quando recebi a notícia sobre a necessidade da cirurgia, minha primeira atitude foi a de recusar, justificando com a necessidade da minha presença no trabalho; mas, graças a Deus, a minha médica não me deu essa opção. Se não fosse ela, talvez eu não estivesse aqui agora. Depois disso, **entreguei-me nas mãos de Deus**, daqueles profissionais, pessoas cuidadosas e carinhosas.

Em casa, durante o repouso e recuperação, aproveitei o meu tempo, com os devidos cuidados e juízo que tinha criado e... trabalhei. Porém, muito mais leve e respeitando-me, escrevi o que imaginava que seria um livro sobre como contratar e trabalhar com pessoas com deficiência, a ter como inspiração os alunos dos Programas de Educação Profissional, nessa situação, com os quais trabalhava.

No fim, nunca publiquei esse livro e decidi disponibilizá-lo para a pessoa responsável por esse setor, na empresa em que eu atuava. Essa foi uma forma de agradecer por tudo o que recebi, depois que decidi entregar, deixar ir o trabalho para que outras pessoas o fizessem, como fizeram muito bem, e entregar-me nas mãos de Deus para os cuidados que precisava. Sou feliz por essa decisão. Ela, sem dúvida, faz toda a diferença na minha vida a partir de então e o meu Propósito de Vida agradece por poder levá-lo adiante.

Quando consegui fazer uma *timeline* (ou linha do tempo), olhando para tudo o que envolveu aquele momento e os resultados que ficaram, vejo a perfeição da Ordem Divina. Tudo estava e está certo. Tenho plena convicção disso. Eu poderia ter sido mais cuidadosa com a minha saúde, com o meu corpo, mas sou imensamente grata a Deus e a todas as pessoas que me ajudaram naquela hora. Para além disso, ficaram os aprendizados de saber e ter a coragem de entregar, seja o que for, para o Universo ou para outras pessoas. Sou muito mais feliz hoje.

Aqui, sinto que é importante relembrar que essa entrega deve ser feita com alegria, com confiança, com esperança, e vale para qualquer situação ou circunstância pelas quais passarmos, como perdas e mudanças de vida em que busquemos o melhor. Não é fácil, mas é viável.

A ideia é agir com o pensamento elevado e o coração o mais tranquilo que puder. Esse é o propósito de entregar, de entregar-se, quando sentir a necessidade de uma orientação; de um conforto interior que não sabe onde nem em quem buscar. É o tipo de entrega ensinado nesta frase: "Entrega o teu caminho ao Senhor; confia nele, e ele tudo fará".[114]

---

[114] Salmos 37:5.

De repente, senti uma alegria que não conhecia; olhei ao meu redor e não encontrei a sua origem, tudo estava como antes. Mas a alegria continuava, ela estava ali, eu sentia. Olhei para o céu, ele era um misto de azul e dourado, mas havia algo diferente, havia um brilho incomum. Olhei para o sol e ele já dizia: até amanhã, indo embora com um esplendor que eu nunca tinha observado. Então, dirigi o olhar para dentro de mim, para o mais profundo do meu eu, e lá estava ela, uma alegria, como eu nunca a tinha visto ou sentido. Incrível, pensei, eu estou presente! Estou em harmonia comigo, com tudo, com o Todo.[115]

(a autora)

---

[115] Poema "Harmonia". SANTOS. Livro De coração para coração: mensagens para aquecer a alma, 2022. s/p. Disponível em: https://www.youtube.com/watch?v=F_YJubKEJv4&t=63s. Acesso em: 28 out. 2022.

28

HARMONIA: O EQUILÍBRIO ENTRE O INTERIOR E O EXTERIOR

Reconcilia-te com o teu adversário, enquanto estás no caminho com ele.

(Jesus – Mateus, 5:25)

Ao olhar para tantos aprendizados que fui colhendo pelo caminho e para a qualidade de vida incrivelmente melhor que me trouxeram, para além de ver o Poder que tem um Propósito na nossa vida, reconheço o ensinamento de Jesus colocado na epígrafe como um dos mais valiosos e necessários para aqueles que querem ou pretendem encontrar e/ou atingir algo especial que traga no coração, ou, simplesmente, viver em paz consigo e com o mundo.

No meu entendimento, Ele convida-nos e ensina o que fazer, quando e com qual objetivo: primeiro encontrar-se, resolvendo conflitos internos, reconciliando-se conosco, limpando do coração os sentimentos menos bons e, igualmente, renovando os pensamentos para que sejam melhores. Depois, fazendo a mesma coisa em relação às pessoas com as quais partilhamos a caminhada. Esses são exercícios um tanto difíceis, mas sem os quais eu acredito que seja impossível sentir-se, de facto, realizado/a em qualquer empreendimento pessoal e de qualquer natureza. Desculpe-me quem pensar diferente. Comigo foi e é bem assim.

Essa ideia faz-me lembrar que o adversário ou os inimigos podem ser entendidos (e muitas vezes o são de facto) como as tendências ou dificuldades internas que dificultam ou impedem a visão de quem realmente somos e das qualidades positivas de outras pessoas. São obstáculos para a realização daquilo que sonhamos e buscamos, são aqueles sentimentos e atitudes que, vindo de dentro de nós, têm o poder de transformar a nossa vida em céu ou inferno, como mostra esta explicação tão simples encontrada no texto do escritor Daniel Goleman em que ele fala sobre o "Cconhece-te a ti mesmo" deixado por Sócrates:

Um guerreiro samurai, conta uma velha história japonesa, certa

vez desafiou um mestre Zen a explicar os conceitos de céu e

inferno. Mas o monge respondeu-lhe com desprezo:

— Não passas de um bruto... não vou desperdiçar meu

tempo com gente da tua laia!

Atacado na própria honra, o samurai teve um acesso de fúria

e, sacando a espada da bainha, berrou:

— Eu poderia te matar por tua impertinência.

— Isso - respondeu calmamente o monge - é o inferno.

Espantado por reconhecer como verdadeiro o que o mestre

dizia acerca da cólera que o dominara, o samurai acalmou-se,

embainhou a espada e fez uma mesura, agradecendo ao monge

a revelação.

— E isso - disse o monge - é o céu.[116]

Simples e fácil de entender a mensagem, principalmente se a trouxermos para o nosso dia a dia e observar quantas vezes presenciamos cenas assim, seja em um noticiário ou ao vivo. A esses dois, "o céu e o inferno" trazidos pelo texto e tudo o que eles representam, eu acrescentaria o medo, a dificuldade em perdoar e em aceitar determinadas circunstâncias, situações de vida e/ou pessoas, os julgamentos que fazemos dos outros/as e de nós mesmos, os autoconceitos e as celas mentais que criamos em função de experiências dolorosas que vivenciamos algum dia.

---

[116] GOLEMAN, 2011, s/p.

Quanto à harmonia, âncora deste capítulo, eu diria que é o contrário e caracterizo-a como uma pessoa encontrar o equilíbrio entre o seu interior e o exterior, ou seja, a conciliação, antes, consigo, e depois com o mundo que a cerca, ou, ainda, como eu sinto que é, a paz comigo e com o Todo.

Ao levar para a convivência humana (em que eu complemento com a palavra humanizada), o escritor Anthony Robbins, em seu livro *Poder sem limites: o caminho do sucesso pessoal pela programação neurolinguística*, diz que harmonia é

> [...] a habilidade de entrar no mundo de alguém, para fazer esse alguém sentir que você o entende, que vocês têm um forte vínculo comum. É a habilidade de ir totalmente, de ser mapa do mundo para o mapa dele, do mundo. É a essência da comunicação bem-sucedida.[117]

Também aqui peço licença ao autor e tomo a liberdade de acrescentar um conceito próprio: "harmonia" é, ainda e antes, "a essência da comunicação bem-sucedida" intrapessoal, pois numa situação conflituosa, por exemplo, dificilmente alguém consegue ter sucesso em uma comunicação com outra pessoa se não conseguir isso consigo próprio.

Para entender melhor, o dicionário, entre outras definições, traz esse termo como

> 1. Arrumação bem organizada entre as diferentes porções que constituem um todo; simetria ou combinação; equilíbrio;
>
> 2. Afinidade ou coerência; conciliação ou concordância; acordo;
>
> 3. Consenso entre diferentes indivíduos; paz ou entendimento; [...].[118]

Juntando todas essas explicações e significados e trazendo para o contexto deste livro, penso que a harmonia chega e instala-se quando se compreende o que acredito ser um dos principais propó-

---

[117] ROBBINS, Anthony. *Poder sem limites*: o caminho do sucesso pessoal pela programação neurolinguística. Tradução de Muriel Alves Brasil. 12. ed. Rio de Janeiro: Best Seller, 2010. p. 216.

[118] LÉXICO – Dicionário de Português On-line. Disponível em: https://www.lexico.pt/. Acesso em: 20 ago. 2022.

sitos da vida humana: aprender a viver e a conviver em equilíbrio, consigo mesma e com o mundo. Nesse "estágio", são companhias de valores incalculáveis a fé, a aceitação, a capacidade de superar os obstáculos encontrados, a gratidão pelas oportunidades que cada experiência traz de aprender e de partilhar a caminhada com outros seres.

Importante destacar que cada experiência seja recebida e partilhada de forma que ela possa ser educativa para si e para quem assim a entender e a aproveitar; por exemplo, quando acontecimentos e/ou circunstâncias externos (incluindo no próprio corpo), independentemente da natureza, não mais causarem reboliços internos (no coração e na mente do indivíduo). É isso que acredito significar a frase "estar em harmonia".

O escritor Anthony Robbins diz que: *"a habilidade de estabelecer harmonia é uma das mais importantes técnicas que uma pessoa possa ter"*.[119] Eu concordo com ele, sobretudo quando essa habilidade começa a estabelecer a harmonia dentro da própria criatura, em seus próprios sentimentos e pensamentos, na maneira de agir e de comportar-se diante de uma situação, em especial quando envolve o estresse em qualquer dimensão ou forma; na maneira de falar (o que, como, quando e para quem falar) e de ouvir a si mesmo e aos outros/as. Para mim, a harmonia interna e externa, quando exercitada e refletida nesses momentos, é das maiores provas de equilíbrio e técnica (ou a capacidade de pôr em prática essas ações com êxito), que uma pessoa pode ter.

Nas minhas experiências, felizmente foram poucas as vezes em que precisei exercitar a harmonia interior, em especial aquela que nos ajuda a manter a boca fechada diante de ofensas, insultos e/ou outras situações desagradáveis. Graças a Deus nunca gostei de brigas, de discussões que não levassem a algo bom e coisas desse tipo. Por isso, todas as vezes em que me encontrei em uma dessas situações, quando não tinha como sair de perto, preferi calar-me do que ofender outra pessoa; deixava-a falar, afinal, aquilo era o que ela acreditava, sentia a meu respeito e tinha para dar.

Só para distrair, gosto muito de um ensinamento que aprendi com a minha avó, que não sei de onde vem: *"O gato, daquilo que ele*

---

[119] ROBBINS, 2010, p. 216.

usa ele cuida", ou, ainda, de outro que também desconheço a autoria: *"Quem desdenha quer comprar"* (o primeiro significa mais ou menos dizer que vejo e falo para o outro/a aquilo que reconheço em mim, em minhas ações e atitudes; o último, usado para caracterizar uma pessoa invejosa, que deprecia, avacalha outra pessoa ou o que ela conseguiu alcançar).

Distrações à parte, o mais importante é que também aprendi desde cedo aquele ensinamento bíblico que diz mais ou menos assim: *"É mais inteligente aquele que, numa discussão, mantém a boca fechada e deixa o outro falar"*. E o outro ditado popular que diz: *"Quando um não quer, dois não brigam"*. Isso é exercitar a harmonia interior, é ter e manter o controle de si mesmo/a independentemente do que estiver ocorrendo.

Pensando assim, mesmo não vendo razão para o que recebia e como recebia, calava-me. Não me arrependo por ter tomado essa decisão quando foi preciso, pois creio que só ganhei com isso. Ganhei, principalmente, paz de espírito e aprendizado, exercitando a paciência e o entendimento de que nem sempre aquilo que ouço é, de facto, para mim. Como disse anteriormente, muitas vezes, em situações assim, a pessoa põe para fora coisas que estão sufocando-a há muito tempo, vindas de outras experiências e/ou pessoas, e aquela foi a oportunidade encontrada de desfazer-se do que estava causando-lhe dor, mal-estar, ódio. Raciocinando desse modo, eu agradeço a Deus por tê-la ajudado, como nas orientações trazidas há milênios. Mais uma vez, não é fácil, mas é possível.

Se eu puder deixar uma sugestão para alguém que esteja vivenciando coisas assim ou venha a passar por agressões verbais, é simples: não responda, não queira falar mais alto. Olhe nos olhos da pessoa (você vai perceber que ela não conseguirá olhar em seus olhos) e, incrivelmente, se você se permitir, sentirá pena dessa pessoa, pela fraqueza dela. Não diga nada disso a ela, pelo contrário, em pensamento, acolha-a, abrace-a, pois é disso que ela precisa. Esse é o princípio do perdão, do qual falei lá atrás.

Em caso ou iminência de agressões físicas, não se deixe ser agredido/a, saia de perto, defenda-se, procurando, se possível, não ter a intenção de magoar o/a outro/a. Hoje, eu agradeço a Deus por ter encontrado poucos momentos como esses e, apenas com o que chamaria de constrangimentos e agressões verbais. Nada mais do que isso.

Outro motivo pelo qual eu calo-me em situações assim, se for preciso, é imaginar que a dor no meu coração, por mais intensa que seja, ainda é mais fácil de limpar, como sempre fiz, do que uma culpa por magoar alguém que, com certeza, já está para lá de magoado, consigo e com a vida, características de uma pessoa que agride, mesmo emocionalmente, por meio de palavras. É assim que eu penso.

Aqui, abstenho-me de citar experiências pessoais por respeito às pessoas que envolveria e/ou poderiam identificar-se ao ler este livro, e às quais tenho imensa gratidão tanto pelas oportunidades de aprendizados recebidas como pela contribuição que deram para a minha vida e para as minhas trajetórias pessoal e profissional, mesmo que inconscientemente.

Hoje, sinto-me completamente em harmonia comigo e com quem convivo diariamente. Tenho consciência de que cometo erros, pois estou aprendendo, evoluindo como qualquer outro ser humano em processo de humanização. Mas tenho muitos acertos, como partilhar aprendizados, alegrias e dons com outras pessoas, por meio do Propósito de Vida que escolhi. Com ele, sinto que aprendo e partilho; recebo e entrego.

Vamos conhecer um pouco sobre a importância do ato de partilhar? Continuemos a caminhar.

Há uma frase que Rolling Thunder, o índio sábio, usava muito e que era: "Só fale com bons propósitos". Lembre-se, o que colocamos para fora, volta para nós. [...] Se quiser ser diferente, esteja certo de que você se desafia, se testa, que faz da sua vida algo especial". [...] "Sempre dê mais do que espera receber. Esta pode ser a chave mais importante de todas porque virtualmente garante a verdadeira felicidade

(Anthony Robbins).[120]

Portanto, o que o Senhor me concedeu observar ponho à disposição de todos, para que seja comum

(Comenius).[121]

---

[120] ROBBINS, 2010, p. 351.
[121] COMENIUS, 1997, p. 19.

29

COMPARTILHAR: GERAR APRENDIZADOS PARA OUTRAS VIDAS MEDIANTE O QUE APRENDEMOS

Portanto, ide e ensinai...

(Jesus)[122]

Eu acredito que há milênios o ato de compartilhar o que temos dentro (no coração e no intelecto) e fora de nós (coisas materiais; nossas ações e seus resultados), o que recebemos por meio da educação familiar, acadêmica ou culturalmente, foi e é um dos mais importantes meios para a evolução e, em determinadas situações, a sobrevivência das pessoas.

Vamos pensar nos conhecimentos que temos hoje e que chegaram até nós devido a tantos indivíduos que, intencionalmente ou em suas experiências diárias, compartilharam o que sabiam, dividiram histórias pessoais e de outras pessoas, comunidades, sociedades, com aqueles do meio em que viviam e que os ouviram, aprenderem com eles e levaram adiante os conhecimentos e ensinamentos.

Quando falo na questão da sobrevivência, penso, por exemplo, no que vemos acontecer em uma situação de catástrofe em determinado lugar ou em experiências guardadas nas memórias familiares. Na primeira situação cito aquelas em que pessoas de diferentes partes do mundo partilham com aquelas necessitadas bens materiais e afeto, apoio moral, amor fraterno... Na segunda, lembro-me do meu pai contar o quanto os pais dele ajudaram a diminuir a fome de algumas pessoas na vida nordestina brasileira ao partilharem o alimento que tinham com vizinhos. É nisso que penso quando falo em compartilhar.

---

[122] Mateus 28:19.

Entretanto, no contexto deste livro, a ideia é dividir conhecimentos, experiências, o que aprendi e estou aprendendo com pessoas do nosso tempo ou do tempo passado, para que possam ser úteis àqueles/as que tiverem acesso a esta obra e que assim os entenderem. Por isso procurei elencar alguns dos aprendizados mais significativos, ao longo dos 30 capítulos e do epílogo, que foram e são imprescindíveis para a minha caminhada até hoje, assim como os estudos e livros que li foram importantes para outros/as, independentemente do propósito ou de não ter nenhum conscientemente.

Para além disso, há a questão da "via de mão dupla", ou seja, aquilo que enviamos para outras pessoas ou para o Universo volta para nós, nas mais diversas formas, como escreve Deepak Chopra em seu livro *As sete leis espirituais do sucesso: um guia prático para a realização dos seus sonhos*:

> *"Se partilharmos carinho, sinceridade, amor, criamos abundância e alegria para todos nós. Esse momento de amor é valioso".* [123]

Penso que todos esses sentimentos, mesmo que inconscientemente, estão implícitos quando partilhamos algo com outras pessoas por meio do ensino, de uma conversa amigável e instrutiva na vida diária ou da escrita de um livro, por exemplo. Outra ideia é que, ao partilhar um conhecimento, as primeiras pessoas que têm a oportunidade de ouvir, de aprender com o que se fala, ensina-se ou escreve-se, são os emissários. Assim, aprende-se duas vezes.

Por tudo isso, neste capítulo, quase final, eu quis falar sobre a importância de compartilharmos as nossas histórias, o que sabemos, o que aprendemos, com o intuito de que possam gerar outros aprendizados, ensinos e até mesmo inspirações para outras pessoas, além de nós mesmos/as. Quero, acima de tudo, agradecer às fontes diretas e/ou indiretas, àquelas pessoas desta e de outras épocas, em que fui, e até hoje vou, buscar subsídios morais e emocionais, além de conhecimentos, que me ensinam e fortalecem a minha alma, em praticamente tudo o que me proponho a fazer e nas experiências que encontrei e encontro pelos caminhos.

---

[123] CHOPRA, 1994, p. 95.

A intenção principal é ressaltar a diferença que a partilha de uma experiência, por mais simples ou mais grandiosa que seja, pode fazer para a vida de outras pessoas, além de quem as vivenciou, como nos vários exemplos trazidos ao longo do livro, de pessoas incríveis e seus feitos, suas histórias que chegaram até nós, tornando-se oportunidades de aprendizados. Nesses exemplos estão decisões que tomaram, propósitos que tinham e que abraçaram com o corpo e a alma, o poder e a força de vontade com os quais não apenas motivavam a si, como a tantas outras pessoas, de perto ou de longe.

Entre os seus legados estão as marcas deixadas no mundo, mesmo que não tivessem essa intenção, pois pensavam estar "apenas" lutando por uma causa que acreditavam que iria ou poderia beneficiar o coletivo. Outras queriam somente fazer o bem pelo bem dos/as outros/as e acabaram partilhando o que traziam de melhor em si, com o mundo, de tal forma que se tornaram imortais.

Assim, para além das inúmeras pessoas conhecidas e desconhecidas que não foram mencionadas nesta obra, que existem e existiram na face da Terra e carregam as características apontadas aqui, e muito mais, destaco São Francisco de Assis; Ghandi; Nelson Mandela; Madre Teresa de Calcutá; Irmã Dulce; Francisco Cândido Xavier; Stephen Hawking; Helen Keller; os Josés e as Marias desconhecidos/as, que com certeza, partilham coisas belíssimas e significativas para a vida de muita gente. Como não poderia deixar de ser, acima de tudo e de todos, o próprio Jesus Cristo, exemplo maior de alguém que soube ensinar e que partilhou o que sabia, sendo, Ele mesmo, o exemplo daquilo que falava, com o Propósito de acordar-nos para a necessidade de evoluirmos. É assim que eu O vejo e sinto.

Esses seres, as transformações que deixaram no e para o seu povo e que refletiram no mundo, por intermédio das próprias atitudes e ações, das experiências vivenciadas e ensinamentos que compartilharam, independentemente do tempo em que viveram, são, muitas vezes, os alicerces que servem como base para outras experiências pessoais e coletivas, identificados em ensinamentos, atos ações que buscam estabelecer a paz, o sentimento de pertença, o amor fraternal, a convivência harmônica e empática, entre tantas outras coisas.

Quando penso em alguns/algumas desses/as homens e mulheres e/ou em outros dessa estirpe, imagino que uma das principais atitudes foi a de levarem adiante seus talentos e não os esconderem, como fez um dos protagonistas da Parábola dos Talentos, justamente aquele que tinha recebido menos. Pelo contrário, como também cita a epígrafe deste capítulo, "foram ou vieram e ensinaram". Eles partilharam fazendo e/ou lutando pelo que acreditavam, com a intenção de dar/entregar ao mundo o melhor que traziam em si por meio seus Propósitos de Vida.

É nisso que penso quando falo no ato ou na atitude de compartilhar a fim de gerar aprendizados para outras vidas, como sugere o título do capítulo. Penso que a partilha de uma história de vida, da concretização de um sonho, de ser guiado/a por um propósito ou até mesmo por uma realização altruísta intencional, por mais singela/o que pareçam, pode trazer valiosos ensinamentos para outras pessoas e gerações. Ainda hoje eu lembro-me das coisas lindas que ouvi de alunos/as e de outras pessoas dentro e fora da docência e da vida acadêmica, quando partilhávamos nossas histórias, nossas experiências enriquecedoras e dos aprendizados que ficavam para todos.

Aliás, por amar compartilhar coisas que poderiam gerar inspiração e motivação para quem quisesse aproveitar, pela paixão por escrever e acreditar que essa é uma forma de contribuirmos com os que virão, ou que caminham conosco, enquanto docente sempre incentivei meus alunos a escreverem e, se quisessem, compartilhar suas histórias de vida. Fazia isso também como uma oportunidade para que olhassem para si mesmos, para as próprias qualidades, valores e conquistas que, muitas vezes não reconheciam em si. Pedia para que escrevessem como se estivessem contando a história de outra pessoa ou um livro autobiográfico. No fim, compartilhavam histórias belíssimas, verdadeiras joias. Essa era uma das práticas que tínhamos na escola em que eu trabalhava e que abracei, inclusive, na minha vida pessoal e como escritora.

Diante de tudo isso, para finalizar, escolhi a única palavra que reúne o que sinto quando penso, falo ou escrevo sobre a minha caminhada e tenho a oportunidade de compartilhar os aprendizados construídos: **GRATIDÃO**. Escolho-a tanto pelo seu significado (o qual trago a seguir) quanto pelos seus efeitos na e para a vida de quem agradece e de quem a recebe, quando tudo é feito de coração para coração. Sim, GRATIDÃO, com letra maiúscula. Aquele sentimento capaz de quebrar barreiras, que tem o poder de abrir portas, de fazer o Sol brilhar mesmo com um céu nublado. Aquele que se sente quando a alegria em dar, em compartilhar, é maior do que quando se recebe. Vamos a ele?

Pela manhã, abre a janela de tua casa e faze a prece da gratidão.

Levanta teu coração para o Alto.

É hora solene da oração.

Procura reter contigo o amanhecer de um novo dia

Antes que a rotina da vida disperse o teu recolhimento

Segue esta pequena jaculatória.

Senhor, sois a luz da minha vida.

Que eu sinta a vossa presença na água da minha sede,

E na paz da minha casa.

"Quem chama por Deus não se cansa nunca" e Ele se fará presente.

Muito pedimos e pouco agradecemos.

Sentimento raro de se encontrar no coração humano: Gratidão.

(Poema: Oração de Aninha. Cora Coralina)[124]

---

[124] CORALINA, 2007, p. 197.

30

GRATIDÃO: CORAÇÃO ABERTO PARA RECEBER, RECONHECER, AGRADECER E RETRIBUIR

Tudo o que a vida te trouxer, receba com gratidão, reconheça o seu valor, agradeça e retribua, dando do melhor que tiver em si.

(a autora)

Segundo São Tomás de Aquino,

> [...] a gratidão se compõe de diversos graus. O primeiro consiste em reconhecer (ut recognoscat) o benefício recebido; o segundo, em louvar e dar graças (ut gratias agat); o terceiro, em retribuir (ut retribuat) de acordo com suas possibilidades e segundo as circunstâncias mais oportunas de tempo e lugar (II-II, 107, 2, c).[125]

Considero esse pensamento como uma das mais belas ideias para descrever o sentimento de gratidão. Assim pensando, acredito que uma das qualidades mais nobres de uma pessoa é *"saber reconhecer os benefícios que recebe"*,[126] não apenas verbalizando um "obrigado" da boca para fora, o que já é uma boa atitude, mas retribuindo com algo de si, mesmo que em qualquer outro tempo, lugar, e para outras pessoas, como imagino que é o que quer dizer São Tomás de Aquino em seu Tratado da gratidão. Para mim, isso significa ter recebido o que recebeu com o coração aberto, com alegria.

É isto que penso ser a gratidão: a verbalização de um sentimento que nasce no mais profundo do nosso ser com a intenção de expressar, para quem ou o quer que seja, a alegria, o bem-estar, o contentamento pela graça, pela ajuda ou por qualquer outro benefício

---

[125] LAUAND, Jean. *Antropologia e formas quotidianas – A filosofia de São Tomás de Aquino subjacente à nossa linguagem do dia a dia*. 2015. Disponível em: http://hottopos.com/notand1/antropologia_e_formas_quotidiana.htm. Acesso em: 10 jul. 2022.

[126] SANTOS, 2010, p. 88.

que reconhecemos ter recebido e, por ver e sentir como algo bom, levar adiante, de alguma forma.

Na definição encontrada no dicionário, e que acredito caber muito bem aqui, o termo gratidão significa: *"Designação de agradecimento ou congratulação; característica de pessoa que é grata; ação de estar gratífico ou reconhecido a alguma pessoa. (Etm. do latim: gratitudĭne)"*.[127]

Eu acrescentaria, além de "alguma pessoa", algum acontecimento, circunstância ou situação de vida que, como venho trazendo desde o início deste livro, são, muitas vezes, bênçãos e oportunidades para aprendizados, amadurecimento/fortalecimento espiritual, desenvolvimento de uma mentalidade positiva perante a vida, se assim forem compreendidos por quem as atravessam e as superam.

Sobre os seus efeitos e/ou benefícios para aqueles/as que conseguem, de facto, serem gratos/as por algo, em sua obra *O livro da gratidão: inspiração para agradecer* (2017), a escritora Carolina Chagas diz que *"estudos divulgados por neurocientistas e pesquisadores de universidades como Oxford, Yale e Princeton comprovam os benefícios de sentimentos como a gratidão para a saúde e os relacionam a outros, como felicidade e resiliência"*.[128]

Por sua vez, o escritor alemão Eckhart Tolle traz outra forma de explicar o que é gratidão. Assim diz ele:

> *Por exemplo: muitos de nós estamos à espera da prosperidade. Ela pode não acontecer no futuro. Quando respeitamos, admitimos e aceitamos completamente a realidade do presente – onde estamos, quem somos, o que estamos fazendo agora –, quando aceitamos o que temos, isso significa que estamos agradecidos pelo que conseguimos, pelo que é, pelo Ser. A gratidão pelo momento presente e pela plenitude da vida atual é a verdadeira prosperidade [...].*[129]

Pelo que trazem esses dois autores, é possível perceber, pelo menos, duas coisas importantes sobre a gratidão: 1: é algo que, apesar de ser abstrato (não ser possível ver), seus efeitos podem

---

[127] LÉXICO – Dicionário de Português On-line. Disponível em: https://www.lexico.pt/. Acesso em: 10 jul. 2022.

[128] CHAGAS, Carolina. *O livro da gratidão* – Inspiração para agradecer. São Paulo: Fontanar, 2017. s/p.

[129] TOLLE, 2010, s/p.

ser conhecidos/reconhecidos por meio de estudos científicos (ao pesquisar, também encontrei teses e dissertações sobre o tema); 2: pode-se dizer que é um estado da alma, que independe de qualquer evento, situação ou circunstância externa para existir e transformar-se em hábito por quem a carrega em si.

Algumas coisas que aprendi (inclusive na prática) e sobre as quais considero importante refletir é que gratidão não é prender nem ficar preso/a em algo ou alguém devido a alguma coisa com a qual se tenha sido agraciado/a. O verdadeiro sentimento de gratidão, ao contrário disso, é libertador tanto para quem recebe algo e agradece quanto para quem fez, se ambos não estiverem presos a um retorno material ou divulgação pública do que havia feito.

Gratidão não se compra, não se vende, e é impossível estipular um valor material. Como bem descrito nas citações, é um sentimento, um estado da alma, e como tal, eu diria que é oferecido e recebido de coração para coração, ou de coração para o infinito. Eu diria, ainda, que pode servir de combustível para alimentar outras atitudes e ações a partir daquela que foi recebida ou simplesmente em agradecimento ao Universo pela Vida, como fazem tantas pessoas. *"A gratidão é a memória do coração"* (atribuído a Antístenes).[130] Gostei desse pensamento, encontrado no livro da escritora Carolina Chagas. Penso na gratidão exatamente assim, uma lembrança feliz, inspiradora, motivadora...

Um dos exemplos que encontrei para explicar o que entendi como um ato de gratidão é a cena quase final do filme, baseado em uma história verídica, *The blind side* (*Um sonho possível*) (2009),[131] em que, para além de toda a dedicação e a entrega ao esporte e estudos, o então universitário e jogador de futebol americano, Michael Oher (Quinton Aaron), pede à sua mãe adotiva, Leigh Anne Tuohy (Sandra Bullock), como ela mesma costumava pedir, "um abraço de verdade", em sua despedida da família quando ele entra para a universidade. Simplesmente emocionante.

Outro exemplo sobre a expressão desse sentimento e virtude, de que gosto é a explicação para o ato de agradecer com a palavra

---

[130] CHAGAS, 2017, s/p.

[131] Fontes: https://pt.wikipedia.org/wiki/Um_Sonho_Poss%C3%ADvel / https://www.wikiwand.com/pt/Um_Sonho_Poss%C3%ADvel#/google_vignette.

"obrigado", trazida pelo professor português António Nóvoa,[132] no final de uma conferência no Brasil, em que ele expressa o seu agradecimento, "comprometendo-se a contribuir, a retribuir, na medida das suas possibilidades", tudo o que havia recebido.

Para explicar a sua forma de agradecer, o sentimento implícito na palavra "obrigado" e a profundidade desse ato, tem como princípio os três níveis de gratidão expostos no Tratado da Gratidão de São Tomás de Aquino:

> *1. Nível superficial: é um nível racional, de reconhecimento ao outro por sua atitude;*
>
> *2. Nível intermediário: aquele nível em que o sujeito dá graças e louva a quem lhe prestou algum benefício ou favor;*
>
> *3- Nível profundo: é quando o sujeito se compromete com a pessoa que lhe fez o favor ou a boa atitude. É um nível de vínculo entre as pessoas.[133]*

Diante da profundidade dessa explicação, penso que a gratidão é, realmente, o princípio de um estado da alma, o estar agradecido por, ou a, e está intimamente ligado à mentalidade positiva de uma pessoa. É como a felicidade, o bom humor, a boa vontade, entre outros. Assim sendo, é uma escolha pessoal, em que o indivíduo pode escolher ser grato/a ou não, pelo que for, dependendo da sua atitude mental. Nesse sentido, o ser ou estar grato/a é passível de ser aprendido, desenvolvido e transformado em hábito diário, como dito anteriormente.

Aqui, alguém pode perguntar: essa atitude tem o poder de impedir que coisas menos agradáveis aconteçam na e para a vida de uma pessoa constantemente agradecida? Com certeza não, mas tem o poder de ajudá-la a atravessar esses momentos, encontrar ajuda, se preciso for, e tomar as decisões mais coerentes e assertivas para resolver ou ir adiante. Esse é mais um dos grandes aprendizados

---

[132] NÓVOA, António. Sobre agradeço e obrigado. *In: Ciberdúvidas da Língua Portuguesa*, 2015. Disponível em: https://ciberduvidas.iscte-iul.pt/artigos/rubricas/idioma/sobre-agradeco-e-obrigado/3258. Acesso em: 4 maio 2022.

[133] ALETEIA. *Os 3 níveis da gratidão, segundo São Tomás de Aquino.* 2021. Disponível em: https://pt.aleteia.org/2021/07/28/os-3-niveis-da-gratidao-segundo-sao-tomas-de-aquino/. Acesso em: 4 maio 2022.

que venho procurando colocar em prática no meu dia a dia e tenho percebido o quanto a minha vida tem mudado para melhor.

Coisas menos boas acontecem da mesma forma, pois, como disse antes, não temos esse controle, graças a Deus, mas tenho o controle da maneira como enfrentar e buscar uma solução, se for necessário, de receber como uma oportunidade de aprendizado, de crescimento, ou permitir que o acontecimento transforme o meu dia, minha vida e, se não tomar cuidado, até a vida de quem convive comigo, em um poço de amargura, de ingratidão. Mais uma vez, atribuo isso ao Poder que vejo e sinto no Propósito que abracei para a minha vida.

Ultimamente, quando recebo algo que não é o que eu gostaria ou esperava receber, consigo pensar no que a minha reação, mesmo em pensamento ou sentimento diante daquilo, poderá trazer para mim e para o ambiente em que vivo ou trabalho. Às vezes, por conta da revolta com uma determinada situação, intencionalmente, posso prejudicar o dia de outras pessoas, com uma cara amarrada, uma palavra que sai sem pensar... Já o bem-estar, quando agradeço de coração por alguma coisa, é algo imensurável. A poetizar, *"penso que manter um sentimento de gratidão, vivo dentro de nós, é como se o coração estivesse a cantar uma linda música, constantemente".*

Ainda de acordo com o que tenho aprendido (e esse pensamento é encontrado na internet, livros etc.), qualquer pessoa pode escolher e decidir como será o seu dia, independentemente do que acontecer no decorrer dele ou que eu estiver atravessando. Pode escolher agradecer pela oportunidade de aprender; de poder colocar em prática suas imensas capacidades e possibilidades; de pensar positivo em vez de revoltar-se diante de qualquer coisa ou situação que não a agrade; de viver ao invés de apenas existir. Um bom exemplo seria: quando tropeçar e machucar o pé, escolher elevar o pensamento a Deus e agradecer por poder andar, ao invés de gritar e xingar (lembremos que só quem pode andar pode tropeçar (ou você conhece alguém numa cadeira de rodas que tropeçou? Eu não conheço). E assim pode ser com qualquer coisa.

Essa ideia não é minha e é muito difundida nas redes sociais por meio de textos, frases etc. O que importa é o que vai no coração, a intenção, o sentimento. A escritora Carolina Chagas, numa sábia reflexão sobre a gratidão, diz que "a gratidão é considerada uma das principais virtudes do homem, ingrediente para a formação moral do indivíduo, fator indispensável para o bem-estar social".[134]

Concordo plenamente com ela. Sabe por quê? No caso do "bem-estar social", por exemplo, imagine o quanto uma pessoa agradecida pela vida, por tudo o que recebe, que encara qualquer acontecimento ou circunstância da forma mais consciente, bem-humorada e tranquila possível, contribui para a paz, para a harmonia do ambiente em que vive, trabalha, estuda. Imagine o quanto essa pessoa pode fazer a diferença no trato com pessoas doentes e/ou depressivas, plantando esperanças, bom humor, alegrando-as. Eu penso que é um verdadeiro presente dos céus encontrar e conviver com alguém assim. Conheço inúmeras dessas criaturas, com as quais aprendo e das quais procuro levar adiante o que recebo como aprendizado.

Conheço pessoas que, materialmente falando e em questão de saúde, aparentemente têm muito pouco, mas vivem exalando o perfume da gratidão por onde passam, agradecendo por tudo, das mais diversas formas que conseguem. Também já convivi com outras que, apesar de terem "tudo" – coisas materiais, serem aparentemente saudáveis, terem uma vida repleta de oportunidades das mais diversas, carregam uma tristeza e uma revolta inexplicáveis dentro de si, não veem motivos para serem gratas (e verbalizam isso). Por isso eu digo que a gratidão depende do estado da alma de cada um.

Para finalizar, acho que, apesar de haver um dia específico em que é mundialmente celebrada, o dia 21 de setembro, Dia Mundial da Gratidão, esse é um sentimento que não precisa esperar por um dia ou momento próprio para ser colocado em prática ou para ser sentido, até pelo facto do seu poder motivador para quem a sente e para as pessoas que a recebem.

Também penso que a partir do momento em que nos sentimos gratos por tudo o que somos, temos e recebemos, desde o ar que respiramos até a realização do maior sonho ou Propósito trazido no coração, e que traduzimos esse sentimento em atitudes e ações, temos o poder de influenciar, encorajar outras pessoas a realizarem feitos altruístas em favor de alguém, de alguma causa.

---

[134] CHAGAS, 2017, s/p.

Lembra-se da frase colocada enteriormente sobre a gratidão, que além de "ser considerada uma virtude" é também "ingrediente para a formação moral do indivíduo, fator indispensável para o bem--estar social"? Eu acrescentaria que ser grato/a é, sem dúvida, um passo ou um caminho indispensável para a libertação de si mesmo, de todos os apegos ou sentimentos que estão escondidos no interior mais profundo do ser e que, muitas vezes, dificultam a nossa evolução espiritual. Acredito, ainda, que esse é o Poder de um Propósito quando abraçado comprometidamente. Por falar em Propósito, acho que agora, quase no final do livro e depois de muitas dicas de como identificá-lo, é uma boa hora para perguntar: você já sabe qual é o seu Propósito.

Enquanto você pensa sobre a resposta, quero te apresentar um dos aprendizados mais lindos que recebi, como um presente para a minha vida toda, nesta caminhada existencial: o amor. Sobre ele, aprendi que pode apresentar-se e manifestar-se das mais diversas formas e por meio das mais diferentes caras, cada uma do seu jeito e de acordo com a sua forma de amar. Quer conhecer algumas dessas caras? Vem comigo, vou te mostrar como aprendi a conhecê-las. Caminhemos juntos/as. E nunca te esqueças de... *Por tudo dar graças*".[135]

---

[135] CHAGAS, 2017, s/p.

1 Ainda que eu falasse as línguas dos homens e dos anjos, e não tivesse amor, seria como o metal que soa ou como o sino que tine.

2 E ainda que tivesse o dom de profecia, e conhecesse todos os mistérios e toda a ciência, e ainda que tivesse toda a fé, de maneira tal que transportasse os montes, e não tivesse amor, nada seria.

3 E ainda que distribuísse toda a minha fortuna para sustento dos pobres, e ainda que entregasse o meu corpo para ser queimado, e não tivesse amor, nada disso me aproveitaria.

4 O amor é sofredor, é benigno; o amor não é invejoso; o amor não trata com leviandade, não se ensoberbece.

5 Não se porta com indecência, não busca os seus interesses, não se irrita, não suspeita mal;

6 Não folga com a injustiça, mas folga com a verdade;

7 Tudo sofre, tudo crê, tudo espera, tudo suporta.

8 O amor nunca falha; mas havendo profecias, serão aniquiladas; havendo línguas, cessarão; havendo ciência, desaparecerá;

9 Porque, em parte, conhecemos, e em parte profetizamos;

10 Mas, quando vier o que é perfeito, então o que o é em parte será aniquilado.

11 Quando eu era menino, falava como menino, sentia como menino, discorria como menino, mas, logo que cheguei a ser homem, acabei com as coisas de menino.

12 Porque agora vemos por espelho em enigma, mas então veremos face a face; agora conheço em parte, mas então conhecerei como também sou conhecido.

13 Agora, pois, permanecem a fé, a esperança e o amor, estes três, mas o maior destes é o amor.[136]

---

[136] 1 Coríntios 13. Disponível em: https://www.bibliaonline.com.br/acf/1co/13. Acesso em: 12 ago. 2022.

EPÍLOGO

AS DIFERENTES CARAS E FORMAS DO AMOR

Ainda que eu falasse as línguas dos homens e dos anjos, e não tivesse amor, seria como o metal que soa ou como o sino que tine.

(1 Coríntios 13:1)

Como sinto que deveria ser, trago, para finalizar este livro sobre Propósito de Vida, aquele sentimento que já foi cantado, declamado e lido; sobre o qual já foram escritos milhares de livros, acredito, em todos os idiomas do mundo: **o amor**. Sim, vou trouxe aqui um breve resumo do que aprendi sobre esse sentimento na minha caminhada em busca de realizar os meus sonhos. Propósito, e que imagino estar presente nas nossas vidas desde antes de existirmos, representado na criação do mundo e das mais diversas formas de vida nele existentes. Trago-o, aqui, também, pois acredito firmemente que sem ele nas nossas intenções, por melhores que sejam, ficaria faltando algo muito especial: a essência divina.

E qual a relação que vejo entre o amor e o Poder de um Propósito? Bem, penso que no Poder de um Propósito, aquele que reconhecemos em seus resultados mais belos e significativos, em nós e nas marcas que deixamos por onde passamos, está muito bem arraigado o poder do amor com o qual esse Propósito foi (ou é) abraçado. Dentro da minha forma de ver e de sentir, é ele, o amor comprometido, que nos faz encontrar forças, resiliência, determinação, coragem e tantos outros requisitos essenciais na e para a realização do que trazemos e buscamos intencionalmente com o coração.

Assim, pensando no amor como um dos aprendizados mais lindos colhidos nas minhas experiências, na minha trajetória e em cada passo que dei até aqui para a realização do Propósito de Vida que abracei, aprendi que ele existe nas mais diferentes caras e formas de manifestação de afeto, inclusive de pessoas desconhecidas, que o trazem dentro de si como parte do que são e que o exteriorizam em atitudes, ações, palavras, e até no silêncio num momento oportuno.

Então, para começar a falar dessa planta divina, criada para ser cultivada no mais profundo do coração, e a fim de gerar flores, frutos e sementes, como a capacidade de educar, ensinar, perdoar, de ajudar, alimentar, consolar, confortar, encorajar, compreender etc., eu trago a forma que, imagino, é onde tudo isso começa (ou deveria começar) quando chegamos nesta vida: o amor da família. Para isso reproduzo, aqui, uma "reedição" do capítulo "Uma escola chamada família", do meu livro *Uma história de sucesso: experiências e valores construídos na concretização de um projeto de vida*, pois é assim que a vejo, a escola onde começamos a conhecer a cara do amor: a nossa família.

A minha família

Como é a tua família?

A minha família?

Não sei explicar.

Só sei que são pessoas tão diferentes e, ao mesmo tempo, tão iguais!

Seus sonhos, anseios, propósitos são muito diferentes; mas, a fé, a esperança, a teimosia com que não desistem e com que os buscam são praticamente os mesmos.

E a coragem para seguirem em frente, mesmo quando tudo convida ao contrário; a força de vontade, a crença na Vida como um presente... Ah, aqui, então, não se vê diferença quase nenhuma!

Mas, tem uma marca, se é que se pode assim chamar, pela qual a minha família se identifica; é algo que parece estar intrínseco em cada pessoa que a compõe, colocado de forma especial para que se identificassem umas com as outras, sem importar o lugar em que estivessem.

Algo para mantê-las unidas independentemente de distâncias, e para que quando uma chorasse ou sorrisse as outras, imediatamente, dissessem: nós estamos aqui, para chorar e/ou sorrir contigo. Somos uma família!

Sabe o nome desta marca? Amor. Um amor incondicional que nos une.

Uma escola chamada Família: a primeira cara do amor

*A palavra amor vem do latim **amor**, que quer dizer "amizade, dedicação, afeição, ternura, desejo grande, paixão, objeto amado".*

(Chalita)[137]

A descrição da palavra amor, citada na epígrafe, foi a que encontrei de mais perfeita para falar desse espaço que, acredito, seja a primeira "escola" em que encontramos todos esses significados e aprendemos o verdadeiro sentido da palavra amor: a nossa família. Na minha forma de pensar, é nela e com ela, seja unida pelos laços consanguíneos ou do coração. independentemente de condições sociais, econômicas ou culturais, que nós, como seres humanos em evolução, temos (ou deveríamos ter) a primeira oportunidade de aprender a amar incondicionalmente, de encontrar nossos melhores e verdadeiros amigos, de crescer saudáveis, de desejar ser "alguém", de reconhecermo-nos e de sermos reconhecidos como individualidade, de aprender e de colocarmos em prática os nossos deveres, bem como ter respeitado os nossos direitos aprendendo a respeitar os direitos dos outros, coisas que ficam bem mais fáceis de guardar no coração quando são vivenciadas com amor.

Eu acredito que se soubermos aproveitar, é no ambiente familiar que plantamos e também "colhemos" as flores mais "importantes" que, muitas vezes, darão frutos e sementes decisivos para um futuro Propósito de Vida pessoal e/ou profissional positivamente significativo.

No que sinto sobre a família, as pessoas que compõem "este lugar", se observarmos bem, são verdadeiros anjos que nos dão oportunidades para construirmos os nossos caminhos, especialmente, em relação aos valores e aos exemplos que nos são passados. É na família que

---

[137] CHALITA, 2003, p. 19.

encontramos nossos primeiros mestres: os nossos pais, os nossos irmãos, a quem devemos aprender a amar, a respeitar, compreender, ajudar, compartilhar, interagir...[138]

Creio que aqui está impressa uma das mais belas cara do amor, aquela que une; que orienta, que ensina... Também está, mesmo que implícito, o Poder de um Propósito, daquele que tem na sua base esse amor, orientando uma intenção maior e atemporal capaz de trazer vontade de viver, o entusiasmo, além de "desenvolvimento pessoal, felicidade, gratidão, empatia, esperança, longevidade"[139] dentre tantos outros benefícios importantes para a vida de uma pessoa e, se possível, daquelas que a rodeiam.

Uma coisa que estou aprendendo é que atingir os objetivos que traçamos é mais fácil do que imaginamos, mas realizar um Propósito que identificamos como aquilo que queremos para a nossa vida toda é algo muito mais complexo, pois, para isso, precisamos do amor, dos valores e dos exemplos com os quais aprendemos e que transmitimos dentro da casa, onde nascemos e crescemos, senão nossas palavras seriam vazias e nossas atitudes sem sentidos; estaríamos querendo ser o que, em verdade, não somos, exemplificar o que ainda não aprendemos.

Outro aprendizado sobre a família, que só consegui perceber depois de adulta, é que todos nós, incluindo nossos pais, podemos ser exemplos a serem seguidos ou não, de acordo com as nossas intenções, nossas atitudes, nosso jeito de ser, de amar, de sonhar... Mas, o mais importante, é que, independentemente de como cada um é e do que faz, não cabe a nós julgarmos, sobretudo aos nossos pais. Sabe por quê? Por não sabermos o que vai em seus corações, quais são seus anseios, seus sonhos não realizados, suas vontades individuais que tiveram que ser esquecidas ou trocadas por outras em favor do coletivo... Meu Deus, são tantos os motivos para não os julgarmos!

E um verdadeiro presente que recebemos nessa "escola" e que nunca deve ser esquecido por nós é o amor em forma de apoio emocional e espiritual que, com raras exceções, só encontramos

---

[138] SANTOS, 2010, p. 62.
[139] SHINODA, 2019, p. 308.

nesse ambiente. Depois de "crescer" um pouquinho mais, estou descobrindo que até as broncas e as repreensões dos meus pais foram fundamentais para a construção do "meu eu", do que e de quem sou hoje. Sinto isso quando refaço mentalmente a minha caminhada para chegar onde cheguei, quando me vejo, por exemplo, dando uma aula; uma palestra, em especial para os jovens, e, o mais importante, quando ouço que a minha história de vida é motivação, inspiração para alguém. Ah! Nessa hora não tem como não agradecer aos meu pais e irmãos, mesmo mentalmente, pela linda "escola chamada família" que eles me ofereceram e que tanto me ensinou (para falar a verdade, ainda ensina). É muito bom saber que estamos sendo a porta de entrada para a busca e a conquista de Propósitos de outras pessoas, seja ele pessoal ou profissional.

Com esta reflexão, penso que manter e levar adiante o amor familiar, além de ser um ótimo suporte emocional no cotidiano, em momentos de buscas e realização de objetivos e Propósito de Vida, torna-se um ponto de equilíbrio, de segurança, de referência... Assim, é como uma rede social, porém tecida com os mais belos fios. Ela tem "buracos e nós", como qualquer rede, mas eles têm a sua função divina: no meu entender, os buracos são as aberturas para que possamos fazer as nossas escolhas e os nós são os "laços mais apertados" que não nos deixam esquecer das nossas origens, do "lugar" que viemos; a qual família pertencemos.

Por fim, seja ela grande ou pequena, eu vejo a nossa família como o pilar de sustentação da escola chamada vida. Nela conhecemos a primeira cara do amor. Depois, crescemos e vamos conhecendo ou reconhecendo outras caras, inclusive aquelas encontradas na nossa família, só que, agora, conseguindo olhá-las como "gente grande", individualmente, reconhecendo os seus valores como quem consegue ver uma flor que, antes, parecia escondida por entre as diversas plantas de um jardim. Muito poético? Não! Vem comigo, vou te apresentar essas outras caras que consegui ver depois que "cresci" mais um pouco.

Meu pai e minha mãe:
a cara do amor na doação de si mesmos

O amor tem quantas caras, cores, dimensões quisermos encontrar, basta querer vê-las e procurá-las guiados pelos olhos do coração.

(a autora)

Eu, enquanto criança, só reconhecia (ou percebia) o amor materno e paterno naqueles momentos em que recebia um carinho, um afago, quando recebia algo que fazia com que eu me sentisse feliz, importante...; ou seja, aquelas coisas de criança que só sabe olhar para si mesma. Quando me tornei adulta, em especial, quando deixei a casa dos meus pais, é que fui aprendendo a olhar para eles com olhos de "gente grande", reconhecendo seus reais valores e descobrindo uma outra cara do amor, para além daquela reconhecida na infância.

Comecei a vê-los não apenas como pais, mas como indivíduos, e com um tipo de o amor tão grande que leva uma pessoa capaz de abdicar de si mesma, das próprias vontades e sonhos, em favor dos filhos. Assim, consegui ver aquele amor capaz de não deixar as situações e as circunstâncias mais difíceis da vida, em especial financeiras, comprometer os cuidados e a educação que queriam para os coraçõezinhos a si confiados, ensinando o valor da fé, da gratidão e da força de vontade, providenciando os alimentos necessários, entre tantas outras coisas essenciais para uma vida saudável, espiritual e fisicamente.

Juntos, meus pais criaram 10 filhos, entre homens e mulheres, todos e todas honestos/as, trabalhadores, saudáveis... Entre tantos gestos lindos deles que trago comigo, lembro-me do amor e do carinho da minha mãe, representado numa boneca de pano feita pelas suas próprias mãos, para dar-nos no Natal, para que tivéssemos um presente, mesmo diante da escassez financeira em que vivíamos; do pudim simples, feito especialmente nos dias de aniversários; das histórias sobre a sua família; a emoção que contou ter sentido da primeira vez em que viu aquele que seria o seu grande amor, o companheiro, com quem ela abraçaria o Propósito de ser mãe, esposa, amiga...

Em relação ao meu pai, quando "cresci" pelo menos um pouco, principalmente em maturidade espiritual (sei que ainda tenho muito chão pela frente), e comecei a desenvolver a capacidade de olhar o/a outro/a pelas lentes do "não julgamento", com um pouco mais de compreensão e reconhecimento, conheci a existência de outra cara do amor, um amor que poderia chamar de doação, de responsabilidade e de comprometimento paterno, que, hoje, percebo que se sobrepõe ao seu jeito autoritário. Não que a minha mãe não tivesse comprometimento, doação e responsabilidade, mas nele, meu pai, identifiquei esse amor, que vencia o cansaço físico de um dia de trabalho intenso na lavoura de café ou outro tipo de trabalho no meio rural, as outras solicitações que a vida trazia, a escassez de recursos financeiros e de perspectivas para consegui-lo, que faz com que uma pessoa vire uma noite no meio de uma mata à caça, ou na beira de um rio pescando, a fim de não deixar faltar o alimento para os filhos. Consegui, também, reconhecer a cara do amor no pai catequista, não só dos próprios filhos, como dos filhos dos vizinhos, contribuindo para uma formação pautada nos caminhos do bem, como ele mesmo dizia, e do pai contador de histórias, no fim do dia ou nas noites de frio, quando sentávamos todos em volta de uma fogueira no meio da sala de *"chão de terra batida"*.[140]

Aprendi com essas atitudes do meu pai, nas quais eu não conseguia parar para refletir quando criança e adolescente, que existia um amor imenso na doação de si mesmo, do seu tempo de descanso, em assumir a responsabilidade de suprir o lar e a família com o alimento necessário, o material e o espiritual, em um coração que não pegava no colo, não abraçava, não beijava... Inicialmente, eu não compreendia isso, mas com o meu amadurecimento e com o reconhecimento desses exemplos do meu pai aprendi que

"quando se ama não temos necessidade nenhuma de entender o que acontece, porque tudo passa a acontecer dentro de nós".[141]

---

[140] Tipo de chão comum em casas na região rural em que não se coloca piso. O chão é firmemente batido, evitando-se que se desgaste e solte poeira. Disponível em: https://www.dicionarioinformal.com.br/terra+batida/. Acesso em: 5 out. 2022.

[141] COELHO, Paulo. *O Alquimista*. 75. ed. Rio de Janeiro: Rocco, 1988/1991, s/p.

Entendemos que o amor tem linguagens diferentes para cada pessoa expressá-lo, de acordo com o que é e com o que carrega em si. E o meu pai tinha a sua forma de expressar o seu afeto por aqueles que amava.

Sim, ali existia amor, aquele que ele tinha dentro de si e que conseguia expressar daquela forma. Um amor capaz de comprar uma única maçã (era o que o dinheiro permitia) e esperar o dia todo para dividi-la com a esposa e os oito filhos (neste momento, eramos em 8 irmãos. Os dois mais novos nasceram depois deste episódio). Assim, ele ensinou-nos a pensar no outro, a partilhar, coisa de um coração em que exista amor ao próximo. O meu pai, entre outras frases suas, tinha uma que ele repetia sempre e que eu acredito ser a chave para a nossa união familiar, mesmo hoje, dezesseis anos após o seu falecimento: *"Se um gritar* (no sentido de não estar bem, precisar de ajuda), *os outros têm que estar por perto"*. Hoje eu compreendo perfeitamente o cuidado e a intenção dele com esse pensamento.

A cara do amor na doação de si mesmos: meu pai e minha mãe são essa cara do amor, na minha opinião, em seu mais alto grau.

Outra cara do amor que aprendi a reconhecer depois de sair de casa em busca da realização dos meus sonhos e que chamaria de "amor que une" é o amor entre irmãos e irmãs: aquele que nos une; que nos deixa predispostos a ajudarmo-nos uns aos outros em qualquer circunstância, mesmo que seja com uma palavra de afeto, de encorajamento, estejamos perto ou longe.

Esse é o amor fraterno, uma das maiores bênçãos que identifico na minha existência e sem o qual o meu Propósito de Vida ficaria sem cor e faltando um pilar de sustentação. Aliás, outros "pilares de sustentação" que considero fundamentais para a construção de um nosso "novo eu",[142] da nossa vida, e que também poderia chamar de amor fraterno, eu fui encontrando conforme caminhava; nas mudanças que fazia ou nos lugares para onde ia para continuar a realizar o meu Propósito, os meus sonhos. Tenho certeza de que você tem muitos desses pilares na construção de quem você é. Vamos conhecê-los?

---

[142] DISPENZA, 2012, s/p.

As diferentes caras e formas de amor encontradas pelo caminho: pilares imprescindíveis no sustento e na realização de um Propósito de Vida

Ao iniciar a minha caminhada mais consciente do que eu queria, depois de deixar a casa dos meus pais e irmãos, é que comecei a ver a dimensão do Poder que um Propósito tem e traz para a nossa vida. Digo isso porque foi quando tive a oportunidade de conhecer, por meio da convivência e de aprendizados com as muitas pessoas com as quais convivi, outras caras do amor: aquele amor que acolhe, que ajuda sem pedir nada em troca; o amor amigo, representado nas amizades mais profundas que ficam para a vida toda; aquele amor que aponta caminhos, que escuta (este, o que considero uma das maiores virtudes que uma pessoa pode ter: a capacidade de "escutar";[143] de doar o seu ouvido em favor do bem-estar do outro/a). A propósito, outro pensamento sobre o ato de escutar que acho belíssimo é este:

> Escutar é uma das ferramentas mais valiosas para o desenvolvimento do ser humano. Escutar é o caminho inevitável do autoconhecimento e também do conhecimento do outro. O silêncio, a prática da atenção, a reflexão, as questões honestas sobre nós mesmos, ajudam-nos a conhecermo-nos e a explorar o nosso espaço interior mais profundo [...].[144]

Sim, ao ler isso sobre o "escutar", concluo que é mesmo um ato de amor, seja escutarmo-nos (escutar nosso próprio coração, nossos pensamentos, nosso corpo...) ou a outras pessoas. Isso tem a ver com outra cara do amor que conheci: a amizade sincera.

Em todos os momentos da caminhada até aqui, e com o Propósito que orienta a minha vida, aprendi e convivi com o amor em uma das suas formas mais lindas: o sentimento fraternal que existe entre amigos/as que vamos conquistando pelo caminho (eu acredito que é impossível viver sem ele). É o amor que mostra aquilo que realmente somos, que escuta, que compreende; que ajuda de todas as formas possíveis (e até aquelas que pareciam impossíveis); é aquele afeto

---

[143] KAHANE, Adam. *Como resolver problemas complexos*: uma forma aberta de falar de falar, escutar e criar novas realidades. Tradução de Ana Gibson. São Paulo: Senac, 2008. p. 115.
[144] GARCIA, 2019, p. 15.

que ensina, refletido nas atitudes e nas ações de quem ensina, com e sem essa intenção (meu Deus, tive muitos exemplos assim). Com o amor de corações amigos aprendi que *"quando se ama é possível ser cocriador da obra da Criação, e agir com a intenção de tornar a vida e experiências de outros seres, partes desta obra, melhor"*. [145]

E caminhando um pouco mais, fui conhecendo o amor que abre portas ou ensina o que e como devemos fazer para abri-las; o amor altruísta, quando se juntam pessoas de diferentes crenças, nações e ideias, em favor de uma causa, com o propósito de melhorar a vida de outras pessoas. Este último reconheci refletido nos corações, nos trabalhos e nas ações voluntárias dos quais tive a alegria e a bênção de fazer parte e com os quais me considero a primeira pessoa a ser beneficiada, pelos aprendizados e peelos exemplos de vida que colhi.

Encontrei aprendizados ainda com aquele tipo de amor implícito num ato de criticar, com a intenção de ensinar, de ajudar o/a outro/a a crescer, a desenvolver-se, a fazer o melhor que podia. Entretanto, dos encontros que considero mais lindos, foram alguns em que me deparei com o amor mais puro que pode existir: aquele que vem de uma criança, da sua inocência, por meio de um beijo, de um abraço apertado ou mesmo em um pedacinho de papel com as palavras: *"Te amo"* (guardo muitos desses exemplos comigo, dentro e fora do coração). Em todos os trabalhos que realizei com essas plantinhas cheias de amor, senti-me realmente acolhida, amada, e uma aprendiz de pequeninos mestres. E falando desses "pacotinhos de amor", foi um deles que me despertou para o meu Propósito de Vida, como já contei neste livro.

Enfim, é-me impossível descrever aqui todos os tipos e manifestações desse sentimento único que tive, e estou tendo, a oportunidade de conhecer e de criar o hábito diário, pois sei que ainda me faltam muitos sóis e luas para dizer que realmente sei amar como foi-nos ensinado e demonstrado, com a doação da própria vida de quem isso ensinou, há milênios, cumprindo o maior Propósito do qual se tem notícias neste planeta: ensinar e mostrar o amor em suas mais diferentes formas.

Sim, esse amor eu conheci mais profundamente diante das dificuldades com as quais me deparei, nos momentos mais difíceis

---

[145] COELHO, 1988/1991, s/p.

que enfrentei: o amor de Deus, refletido nas ajudas de todos os tipos que apareciam como se houvesse alguém me acompanhando a fim de providenciar o que eu precisasse, porém deixando o tempo e a oportunidade para o aprendizado que aquela situação poderia e deveria trazer-me. Para mim, esse é o amor que educa o espírito.

Mas teve um tipo de amor que só consegui perceber que havia aprendido, pelo menos um pouquinho, quando olhei para mim mesma, no espelho da minha alma, para a caminhada que havia percorrido e como havia percorrido, quando reconheci a existência de todas as formas desse sentimento lindo, encontradas e identificadas nas pessoas, como apontei, quando as experiências que fui colhendo pelos caminhos fizeram sentido, transformaram-se em aprendizados e no que fiz com eles.

Nessa hora, senti, com uma alegria imensa, que também havia amor em mim, por mim: o autoamor, aquele tipo de afeto representado no autorrespeito, na gratidão por si mesmo/a; no reconhecimento e na aceitação de quem nós somos, independentemente da opinião de outras pessoas. Ele também está presente na vontade de tornarmo-nos seres humanos melhores, mais humanizados, para contribuirmos, com as nossas atitude e ações, para que outras pessoas façam o mesmo, em seu tempo e de acordo com a própria vontade.

Sobre amarmo-nos da mesma forma como amamos as outras pessoas, um dos aprendizados mais lindos que colhi foi que:

> *"amar a nós próprios não é egoísmo. Amar a nós próprios libera-nos suficientemente para amarmos outras pessoas. Podemos realmente contribuir para o planeta se nos situarmos num espaço de amor e alegria numa base individual".*[146]

Acredito que é esse autoamor que, muitas vezes, mesmo não o reconhecendo, faz com que sejamos capazes de ajudar o/a outro/a, de incluí-lo/a não apenas como um dever social nosso, mas por vê-lo/a como um ser humano igual a nós, e de respeitá-lo/a como merecedor/a do melhor que podemos dar e/ou fazer.

Nesses aprendizados, descobri que quando amamos a nós mesmos, não importa a nossa raça ou nação, achamos cor da nossa

---

[146] HAY, L. *O Poder está dentro de Si*. Cascais, PT: Hay House, Inc. 1998. p. xiv.

pele linda, e, acredite, sabemos que ela mostra ao mundo o mundo do qual viemos, a nossa origem, a nossa família! Não importa se o nosso cabelo é liso ou alisado; se é curto, longo ou encaracolado, se é preto, louro ou colorido, ou se já está branquinho, apontando a nossa perseverança em viver e os nossos anos vividos. Não, nada disso importa, pois sabemos que esses cabelos brancos têm muitas histórias de Vida para contar. Aliás, devemos contar para que sejam conhecidas e sejamos reconhecidos/as pelo que fomos e somos. Assim, percebi que quando nos amamos, aprendemos a

> *[...] ter um profundo apreço por quem nós somos. Aceitamos todas as diferentes partes de nós mesmos – nossas pequenas peculiaridades, os embaraços, as coisas que podemos não fazer tão bem, e todas as maravilhosas qualidades também. Aceitamos todo o pacote com amor. Incondicionalmente.*[147]

Creio que o maior presente do autoamor para a minha vida foi o de fazer-me sentir parte deste mundo, encontrar o meu lugar nele, a começar por encontrar-me dentro de mim mesma. Sabe aquele sentimento de pertença? Assim, aprendi o autoagradecimento (agradecendo-me por ser quem e como sou), o *"autoelogio"*,[148] que conquistou o *"espaço da vergonha"* de ser quem eu pensava que era.

Agora eu entendo o que escreveu o apóstolo Paulo, em sua Carta aos Coríntios, e no trecho que está na epígrafe deste capítulo: *"Ainda que eu falasse as línguas dos homens e dos anjos, e não tivesse amor, seria como o metal que soa ou como o sino que tine [...]"*.

Sinceramente, não consigo imaginar um ser humano que seja assim, duro e frio como metal, desde o seu nascimento ao fim da vida, pois acredito que todos trazem em si nem que seja uma fagulha do amor Maior, pelo qual e com o qual fomos criados: o amor de Deus. Se existir, talvez seja porque ainda não tenha se dado conta ou tenha motivos que o/a impeça de sentir, deixar fluir, expressar e/ou até agir de forma contrária ao que o/a caracteriza.

A escritora Louise Hay, entre tantas maravilhas que diz sobre o amor, ensina-nos que

---

[147] HAY, 1998, p. 5.
[148] SANTOS, Gustavo. *Arrisca-te a viver*. 12. ed. Localidade: Esfera dos Livros, 2016. p. 27.

"O amor é algo que podemos escolher, da mesma forma que escolha raiva, ódio ou tristeza. Podemos escolher o amor. É sempre uma escolha dentro de nós".[149]

Assim, depois desta trajetória, de tudo o que aprendi e estou aprendendo (tenho a consciência de que só estou no começo e que somos eternos aprendizes, se quisermos), como e com quem aprendi, concordo que se tivesse recebido todos os bens materiais possíveis, se tivesse nascido "em berço de ouro", sem ter encontrado um Propósito pelo qual caminhar e recebido os aprendizados que ele trouxe (e traz), dificilmente eu seria quem sou e teria chegado onde estou, humana – um pouco mais humanizada, acadêmica e geograficamente falando.

Hoje, quando olho para aquela promessa, lá na minha infância, eu não tinha a menor ideia do seu Poder, para onde ela me levaria, do que eu iria aprender pelo caminho. A única coisa que eu sabia era que em algum dia voltaria a estudar. Naquele momento esse era o meu sonho, que, sem que eu percebesse, já tinha em si o meu Propósito de Vida. Entretanto eu também não tinha ideia do **Poder desse Propósito** nem que **ele poderia mudar um destino**, como mudou o meu. Eu só queria estudar!

Para falar a verdade, só comecei a perceber o tamanho desse Poder há pouco tempo, quando decidi olhar para o que tinha construído, de facto, com a minha caminhada Então, percebi que não há construções materiais que são atemporais, mas, há sim, coisas belíssimas que o tempo não apaga e que a ferrugem não corrói. Essas construções estão dentro de nós, no nosso coração, em forma de sentimentos, de transformações e hábitos sadios que colhemos e/ ou desenvolvemos na nossa trajetória existencial...

Ao perceber isso, aprendi que, para construí-los, além de abrir mão de muitas coisas fora de mim, foi preciso fazer isso com "coisas" também dentro de mim, como se estivesse limpando o terreno para o que viria, transformando em hábitos aqueles pensamentos e sentimentos saudáveis e construtivos e aprendendo outros. Tudo foi imprescindível para chegar às realizações que almejava e sentir a alegria pela conquista, algo que mesmo vivenciando ainda não consigo dimensionar.

---

[149] *Idem a HAY, 1998, p. 6.*

Agora, refletindo melhor sobre tudo isso, penso que é esse Poder que um Propósito tem, mesmo que não tenhamos noção dele, que faz com que tomemos uma decisão consciente, que nos leva a querer aprender com as experiências vivenciadas, desenvolver tudo o que for preciso, desapegarmo-nos de coisas menos importante e chegarmos ao topo da montanha (nem que seja a mais baixa da cadeia), apreciando as belezas da caminhada, o que não conseguimos sem os olhos do amor.

Então, por que trazer o amor só final? Por que não destacá-lo em cada capítulo, em cada frase, citação?

Primeiro porque ele lá está, implícito em cada sentimento, em cada aprendizado e tudo mais que foi descrito. Depois porque, ao olhar para a minha trajetória até este momento, dou-me conta de que não há um Propósito se não houver amor e que o **Poder desse Propósito** está, principalmente, no amor que o move, para o qual não sei dar um nome e que, juntos, eles são capazes de **mudar não apenas um destino, como mudou o meu**, mas muitos outros, de acordo com os sonhos e objetivos daqueles com quem partilhamos o que aprendemos. Desse modo, percebo também que no cerne de todas as conquistas e realizações e de todos os aprendizados construídos está "[...] a fé, a esperança e o amor, estes três, mas o maior destes é o amor".[150]

O meu amor e gratidão pela oportunidade de partilhar o meu Propósito de Vida e a minha História com você. Estou, aqui, tentando seguir um ensinamento do professor e escritor Gabriel Chalita, do qual gosto muito:

> *"Se não redigimos e partilhamos o texto de nossas vidas com competência e elegância, estamos condenando nossa história ao [...] total esquecimento. O resultado é que nada restará de nós senão rabiscos, garatujas, esboços da grande obra que poderíamos ter sido, que não fomos e que jamais seremos", aos olhos de quem caminha conosco ou vier depois de nós.* [151]

---

[150] 1 Coríntios 13:13.

[151] CHALITA, 2003, p. 29.

REFERÊNCIAS

ALETEIA. Os 3 níveis da gratidão, segundo São Tomás de Aquino, 2021. Disponível em: https://pt.aleteia.org/2021/07/28/os-3-niveis-da-gratidao-segundo-sao-tomas-de-aquino/. Acesso em: 4 maio 2022.

ARÉNILLA, Louis; Gossot, Bernard; Rolland, Marie-Claire; Roussel, Marie-Pierre. *Dicionário de pedagogia*. Lisboa: Instituto Piaget, 2013.

BAUMEISTER, Roy. F.; TIERNEY, John. *Força de vontade*: a redescoberta do poder humano. São Paulo: Lafonte-Larousse, 2012.

BIBLIA Sagrada on-line. Disponível em: https://www.bibliaon.com. Acesso em: 19 jul. 2021.

BRASIL. *Base Nacional Comum Curricular*. Brasília: MEC, 2017.

COMENIUS (1592-1670). *Didática magna*. Tradução de Ivone Castilho Benedetti. São Paulo: Martins Fontes, 1997.

CONSÓRCIO UBUNTU. Building bridges for peace. *Construir pontes Ubuntu – Para uma liderança servidora*. 2019. Disponível em: https://www.academialideresubuntu.org/pt/publicacoes/livro). Acesso em: 22 mar. 2022.

CORALINA, Cora. *Vintém de cobre*: meias confissões de Aninha. 9. ed. São Paulo: Global, 2007.

CHAGAS, Carolina. *O livro da gratidão* – Inspiração para agradecer. São Paulo: Fontanar, 2017.

CHALITA, Gabriel. *Pedagogia do amor*: a contribuição das histórias universais para a formação de valores das novas gerações. São Paulo: Gente, 2003.

CHOPRA, Deepak. *As sete leis espirituais do sucesso*: um guia prático para a realização dos seus sonhos. Rio de Janeiro: Best Seller, 1994.

COELHO, Paulo. *O alquimista*. 75. ed. Rio de Janeiro: Rocco, 1991.

DELORS, Jacques. *Educação um tesouro a descobrir*. Relatório para a Unesco da Comissão Internacional sobre a Educação para o Século XXI. 6. ed. Tradução de José Carlos Eufrázio. São Paulo: Cortez, 2001.

DISPENZA, Joe. *Como criar um novo eu*. Portugal: Lua de Papel, 2012. (Formato PDF). Disponível em: https://elivros.love/livro/baixar-livro-como-criar-um-novo-eu-dr-joe-dispenza-em-epub-pdf-mobi-ou-ler-online. Acesso em: 3 ago. 2022.

DWECK, Carol, S. *Mindset* – A nova psicologia do sucesso. 1. ed. Rio de Janeiro, Objetiva, 2017.

DICIONÁRIO Houaiss da Língua Portuguesa: verbete coragem. Disponível em: https://pt.wikipedia.org/wiki/Coragem#cite_ref-1. Acesso em: 12 out. 2022.

DICIONÁRIO Priberam da Língua Portuguesa [em linha]. *Força de vontade*. 2008-2021. Disponível em: https://dicionario.priberam.org/for%-C3%A7a%20de%20vontade. Acesso em: 20 dez. 2021.

FAUCONNIER, Bernard. *Beethoven*. Paris: Gallimard, 2010. (Collection. Folio biographies, n. 63).

FRAZÃO, Dilva. *Biografia de Stephen Hawking*. 2019. Disponível em: https://www.ebiografia.com/stephen_hawking/. Acesso em: 19 set. 2022.

FRAZÃO, Dilva. Biografia de Ludwig van Beethoven. 2021. Disponível em: https://www.ebiografia.com/beethoven/. Acesso em: 19 set. 2022.

FRAZÃO, Dilva. Biografia de Madre Teresa de Calcutá. 2020. Disponível em: https://www.ebiografia.com/madre_calcuta/. Acesso em: 20 set. 2022.

FRAZÃO, Dilva. Biografia de Irmã Dulce. 2020. Disponível em: https://www.ebiografia.com/irma_dulce/. Acesso em: 20 set. 2022.

GARCIA, Carmem. *Abrindo caminhos*. In: CONSÓRCIO UBUNTU. *Building bridges for peace*. 2019. p. 11-18. Disponível em: https://www.academialideresubuntu.org/pt/publicacoes/livro. Acesso em: 22 mar. 22.

GOLEMAN, Daniel. *Inteligência emocional*. Tradução de Marcos Santarrita. Rio de Janeiro: Objetiva, 2011 (versão PDF). Disponível em https://livrogratuitosja.com/inteligencia-emocional-daniel-goleman/. Acesso em: 22 mar. 2022.

HAY, L. *O Poder está dentro de Si*. Cascais, PT: Editora Pergaminho Lda. 1998

HILL, Napoleon. *Atitude mental positive*. Porto Alegre: 2015 (versão PDF). Disponível em: https://elivros.love/livro/baixar-livro-atitude-mental-positi-va-napoleon-hill-em-epub-pdf-mobi-ou-ler-online). Acesso em: 19 ago. 22.

HUNTER, James, C. *O monge e o executivo*: uma história sobre a essência da liderança. Tradução de Maria da Conceição Fornos de Magalhães. Rio de Janeiro: Sextante, 2009.

JAWORSKI, Joseph. *Sincronicidade:* o caminho interior da liderança. São Paulo: Senac, 2015.

JUNG, Carl (1875-1961). Disponível em: https://www.womantobe.com.br/2018/05/eu-nao-sou-o-que-me-aconteceu-eu-sou-o-que-escolho--me-tornar/. Acesso em: 13 dez. 2021.

KAHANE, Adam. *Como resolver problemas complexos*: uma forma aberta de falar de falar, escutar e criar novas realidades. Tradução de Ana Gibson. São Paulo: Senac, 2008.

KAHANE, Adam. *Poder & amor*: teoria e prática da mudança social. Tradução de Nina Albuquerque. São Paulo: Senac, 2010.

KHOURY, Karim. *Vire a página*: estratégias para resolver conflitos. 5. ed. São Paulo: Editora Senac São Paulo, 2007.

LAUAND, Jean. *Antropologia e formas quotidianas – A filosofia de São Tomás de Aquino subjacente à nossa linguagem do dia a dia*. 2015. Disponível em: http://hottopos.com/notand1/antropologia_e_formas_quotidiana.htm. Acesso em: 10 jul. 2022.

LÉXICO – Dicionário de português on-line. Disponível em: https://www.lexico.pt/. Acesso em: 13 maio 2022.

MASCARENHAS, Kau. *Mudando para melhor*: programação neurolinguística e espiritualidade. Contagem: Altos Planos, 2006.

MELO, Maria. Desapego. *Revista Progredir*, n. 70, Novembro 2017, Revista Mensal. Oeiras, Portugal, p. 8, nov. 2017.

MOGI, Ken. *Ikigai*: os cinco passos para encontrar seu propósito de vida e ser mais feliz. São Paulo: Alto Astral, 2018.

MUSSI, Luciana Helena. A mensagem de uma vida por Steve Jobs. *Revista Longeviver*, 2011, p. 16. Disponível em: http://www.portaldoenvelhecimento.org.br/revista/index.php. Acesso em: 25 nov. 2019,

NETFLIX. Filme Os dois Papas. 2019. Disponível em: https://www.netflix.com/pt/title/80174451. Acesso em: 29 abr. 2021.

NÓVOA, António. Sobre agradeço e obrigado. *In: Ciberdúvidas da Língua Portuguesa*. Disponível em: https://ciberduvidas.iscte-iul.pt/artigos/rubricas/idioma/sobre-agradeco-e-obrigado/3258, 2015. Acesso em: 4 maio 2022.

PORTO EDITORA – *Apego no Dicionário infopédia da língua portuguesa*. Porto: Porto Editora. Disponível em: https://www.infopedia.pt/dicionarios/lingua-portuguesa/apego. Acesso em: 1 abr. 2022.

PORTO EDITORA – *Entregar no Dicionário infopédia da Língua Portuguesa* [em linha]. Porto: Porto Editora. Disponível em: https://www.infopedia.pt/dicionarios/lingua-portuguesa/entregar. Acesso em: 7 set. 2022.

PORTO EDITORA – *Ressignificar no dicionário infopédia da língua portuguesa*. Porto: Porto Editora. Disponível em: https://www.infopedia.pt/dicionarios/lingua-portuguesa/ressignificar. Acesso em: 11 out. 2021.

ROBBINS, Anthony. *Poder sem limites*: o caminho do sucesso pessoal pela programação neurolinguística. Tradução de Muriel Alves Brasil. 12. ed. Rio de Janeiro: Best Seller, 2010.

SANTOS, Gustavo. *Arrisca-te a viver*. 12. ed. Lisboa: Esfera dos Livros, 2016.

SANTOS, Maria Aparecida dos. *De coração para coração Mensagens para aquecer a alma*. 2022. s/p. Disponível em: https://www.youtube.com/watch?v=F_YJubKEJv4&t=63s. Acesso em: 28 out. 2022.

SANTOS, Maria Aparecida. Uma história de sucessos: experiências e valores construídos na concretização de um projeto de vida. São Paulo: Arte & Ciência, 2010.

SANTOS, Maria Aparecida dos. As aventuras do porquinho Rococó. - São José do Rio Preto, SP : THS Arantes Editora. 2007.

SCHARMER, CLAUS OTTO. *O essencial da teoria U*: princípios e aplicações. Tradução de Edson Furmankiewiczs. Curitiba: Voo, 2020.

SCHMIDT, I. A. John Dewey e a educação para uma sociedade democrática. *Revista Contexto & Educação*, ISSN: 2179-1309, São Luiz Gonzaga – RS. v. 24, n. 82, p. 135-154, 2013. Disponível em: https://doi.org/10.21527/2179-1309.2009.82.135-154.

SERRA, Paulo Roberto Nóbrega. José Saramago: O Conto da Ilha Desconhecida. *Revista e Letras*, 2022, 1.5: 165-168. Disponível em: https://scholar.google.com.br/scholar?hl=pt. Acesso em: 30 abr. 2023.

SHINODA, Ana Carolina Messias. *Desenvolvimento do propósito de vida de estudantes no ensino superior de Administração*. Tese (PhD em Ciências) – Universidade de São Paulo, São Paulo, 2019. https://doi.org/10.11606/T.12.2020.tde-06022020-174305.

SUNO. *John Nash*. Disponível em: https://www.suno.com.br/tudo-sobre/john-nash/. Acesso em: 12 jan. 2022.

PESSOA, Fernando, Livro do Desassossego por Bernardo Soares, pref. org. António Quadros, Lisboa: Publicações Europa-América. 1986.

TEIXEIRA, Anísio. A pedagogia de Dewey. *In*: DEWEY, John. *Vida e educação*. 10. ed. São Paulo: Melhoramentos, 1978.

TOLLE, Eckhart. O poder da presença. Disponível em: https://www.instagram.com/p/CPX6nAwrXkB/ https://www.instagram.com/younity_portugal/. Acesso em: 16 nov. 2022.

TOLLE, Eckhart. *O poder do agora* [recurso eletrônico]. Tradução de Iva Sofia Gonçalves Lima. Rio de Janeiro: Sextante, 2010. Disponível em: https://pt.scribd.com/document/371210273/O-Poder-Do-Agora-Eckhart-Tolle. Acesso em: 16 dez. 2021.

TOLLE, Eckhart. *Praticando o poder do agora*. Tradução de Iva Sofia Gonçalves Lima. Rio de Janeiro: Sextante, 2005.

TREVISAN, Lauro. *A fé que remove montanhas*. Lisboa: Dinalivro, 2003.

22 LIÇÕES de vida para aprender com Nelson Mandela, 2018. Disponível em: https://www.asomadetodosafetos.com/2018/09/22-licoes-de-vida-para-aprender-com-nelson-mandela.html. Acesso em: 25 out. 2022.

WARREN, Rick. Uma vida com propósitos. São Paulo: Vida, 2003, (PDF). s/p. Disponível em: https://tesouroemvasodebarro.files.wordpress.com/2013/12/uma-vida-com-propc3b3sitos-rick-warren.pdf. Acesso em: 31 jan. 2022.